CURSUS

Kurzgrammatik für den Lektüreunterricht

Herausgegeben von Prof. Dr. Friedrich Maier
und Dr. Stephan Brenner

Bearbeitet von Britta Boberg und Prof. Dr. Friedrich Maier

Oldenbourg
C. C. Buchner
Lindauer

CURSUS, Ausgabe A/B/N – Unterrichtswerk für Latein

herausgegeben von Prof. Dr. Friedrich Maier und Dr. Stephan Brenner
und bearbeitet von
Britta Boberg, Reinhard Bode, Dr. Stephan Brenner, Prof. Andreas Fritsch, Michael Hotz,
Prof. Dr. Friedrich Maier, Wolfgang Matheus, Ulrike Severa, Hans Dietrich Unger,
Dr. Sabine Wedner-Bianzano, Andrea Wilhelm

Berater: Hartmut Grosser

Umschlagfotos vorne: akg-images/Peter Connolly; Susanne Mölle, Kempten; Plurigraf, Narni
hinten: Scala, Florenz; Interfoto

Das Papier ist aus chlorfrei gebleichtem Zellstoff hergestellt, ist säurefrei und recyclingfähig.

1. Auflage 2011
Druck 15 14 13 12 11
Die letzte Zahl bezeichnet das Jahr des Drucks.
Alle Drucke dieser Auflage sind untereinander unverändert
und im Unterricht nebeneinander verwendbar.

Umschlagkonzept: Mendell & Oberer, München
Umschlag: Groothuis, Lohfert, Consorten GmbH, Hamburg
Lektorat: Dr. Silke Anzinger, Stefanie Ohmsen (Assistenz)
Herstellung: Johannes Schmidt-Thomé / Eva Fink
Satz: Setzerei Vornehm GmbH, München
Druck: Tutte Druckerei GmbH, Salzweg

ISBN 978-3-637-01351-3 (Oldenbourg Schulbuchverlag)
ISBN 978-3-7661-**5389**-0 (C. C. Buchners Verlag)
ISBN 978-3-87488-**392**-4 (J. Lindauer Verlag)

Endlich am Ziel: Die Begegnung mit Texten und Autoren

Liebe Schülerinnen und Schüler!

Ihr seid nun erfolgreich durch das Grammatikland gegangen. Ihr seid am Ziel und könnt euch nun an die Lektüre lateinischer Originaltexte wagen.

Dafür seid ihr durch euren Lateinunterricht gut gerüstet. Denn ihr habt nicht nur im Wortschatz sichere Kenntnisse, sondern auch in der Grammatik und Satzlehre (Syntax) mit ihren vielfältigen Formen und Konstruktionen. Doch da in den Originaltexten alle grammatischen Erscheinungen bunt gemischt auftauchen, kann es mitunter passieren, dass ihr das eine oder andere aus Formen- oder Satzlehre nicht mehr ganz genau wisst oder nicht kennt und noch einmal nachschauen möchtet. Dazu bedarf es nicht unbedingt einer umfangreichen „Grammatik“; denn ihr müsst eure vorhandenen Kenntnisse nur auffrischen. Es genügt also eine Kurzfassung, in der die einzelnen Bereiche systematisch geordnet, übersichtlich dargestellt und kurz erklärt werden.

Die vorliegende Grammatik enthält in komprimierter Form den Stoff der Cursus-Begleitgrammatik mit einigen wenigen Ergänzungen, die hilfreich für das Lesen von Originaltexten sind und die immer mit einem ▲ markiert sind. Diese Grammatik soll euch also während der Lektüre eine leichte und schnelle Hilfe zum Nachschlagen sein und unterstützt euch auch mit methodischen Tipps direkt beim Übersetzen. Ihr könnt also gar nicht oft genug hineinschauen. Denn auch und gerade hier gilt: Übung macht den Meister! Auf diese Weise gewinnt ihr zunehmend an Sicherheit, da sich allmählich das zum Übersetzen nötige Sprachwissen in eurem Kopf festigt.

Diese Grammatik ist nach Formenlehre, Satzlehre und Textlehre gegliedert. Das erleichtert die Orientierung:

- So könnt ihr in der **Formenlehre** schnell die jeweilige **grammatische Erscheinung** nachschlagen.
- Die **Satzlehre** informiert euch über **syntaktische Konstruktionen**.
- Die **Textlehre** führt euch verschiedene **Übersetzungsmethoden** vor, bietet Hinweise zur **Analyse von Texten** und zeigt die in lateinischen Texten häufig verwendeten **Stilmittel** auf.
- Ein **Sachverzeichnis** am Ende verweist genau auf die Stellen im Buch, an denen die einzelnen Spracherscheinungen dargestellt und methodische Erklärungen gegeben werden.

Dieses kleine Buch steht euch also immer und überall zur Verfügung, wenn ihr „Nachhilfe“ braucht.

Die Verfasser

Inhalt

Grammatische Grundbegriffe

S

Satzlehre:

1. **Subjekt** (Satzgegenstand) 2. **Prädikat** (Satzaussage) 3. **Objekt** (Satzergänzung)	4. **Adverbiale** (Umstandsbestimmung) 5. **Attribut** (Beifügung)

F

Formenlehre:

1 Wortarten

1.1 Veränderliche Wörter

Fachbegriff	deutscher Begriff	Beispiel
Nomina:		
Substantiv	Namen-/Hauptwort	amīca
Adjektiv	Eigenschaftswort	bonus, -a, -um
Artikel	Geschlechtswort	–
(Pronomen)	(Fürwort)	
Demonstrativ-Pronomen	hinweisendes Fürwort	is, ea, id
Indefinit-Pronomen	unbestimmtes Fürwort	aliquis, aliquid
Interrogativ-Pronomen	fragendes Fürwort	quis?
Personal-Pronomen	persönliches Fürwort	ego
Possessiv-Pronomen	besitzanzeigendes Fürwort	meus, -a, -um
Reflexiv-Pronomen	rückbezügliches Fürwort	sē
Relativ-Pronomen	bezügliches Fürwort	quī, quae, quod
Numerale	Zahlwort	duo, duae, duo
Verb	Tätigkeits-/Zeitwort	dīcere

1.2 Unveränderliche Wörter

Fachbegriff	deutscher Begriff	Beispiel	Fachbegriff	deutscher Begriff	Beispiel
Präposition	Verhältniswort	per	Subjunktion	unterordnendes Bindewort	cum
Adverb	Umstandswort	citō	Interjektion	Ausrufewort	ecce!
Konjunktion	beiordnendes Bindewort	sed	Negation	Verneinungswort	nōn

2 Erscheinungsformen des Wortes

2.1 Substantiv/Adjektiv

Kasus (Fall)	Numerus (Zahl)	Genus (Geschlecht)
Nominativ (Wer-/Was-Fall) Genitiv (Wessen-Fall) Dativ (Wem-Fall) Akkusativ (Wen-/Was-Fall) Ablativ Vokativ (Anredefall)	Singular (Einzahl) Plural (Mehrzahl)	Maskulinum (männlich) Femininum (weiblich) Neutrum (sächlich)

2.2 Verb

Person	Numerus (Zahl)	Modus (Aussageweise)	Tempus (Zeit)	Genus (Geschlecht)
1. (ich/wir) 2. (du/ihr) 3. (er, sie, es/sie)	Singular (Einzahl) Plural (Mehrzahl)	Indikativ (Wirklichkeitsform) Konjunktiv (Möglichkeitsform) Imperativ (Befehlsform)	Präsens Imperfekt Futur I Perfekt Plusquamperfekt Futur II	Aktiv (Tatform) Passiv (Leideform)
Infinitiv (Grundform) Partizip (Mittelwort)				

FORMENLEHRE

A Der Aufbau des Wortes

Im Lateinischen unterscheidet man unveränderliche und veränderliche Wörter. Die veränderlichen Wörter sind das **Nomen** (Substantive, Adjektive, Pronomina) und das **Verb.** Das **Nomen** wird **dekliniert**, das **Verb** in der Regel **konjugiert.** Beide Wörter bestehen aus ähnlichen Bestandteilen.

Nomen und Verb haben jeweils einen **Bedeutungsteil** (Wortstamm) und einen **Signalteil** (Endung). Der Bedeutungsteil enthält die „Bedeutung" des Wortes, der Signalteil zeigt an („signalisiert"), welche Funktion das Wort im Satz erfüllt.

Beispiel: **reg- = herrsch-:**

	Bedeutungsteil	Signalteil		Übersetzung
beim **Nomen**	rēg-	**-em**	(Akk. Sg.)	**den** Herrsch-**er**
beim **Verb**	reg-	**-ēbat**	(3. P. Sg. Ind. Impf.)	**er/sie/es** herrsch-**te**

1 Nomen

Beim **Nomen** erkennt man am **Signalteil** – den **Kasus**
– den **Numerus.**

Der Signalteil enthält den **Kennvokal** eines Nomens und das **Kasus-Zeichen** (Sg./Pl.), die häufig eng miteinander verschmolzen sind. Der Kennvokal (a, o, e, u) zeigt die Zugehörigkeit eines Nomens zu einer Deklinationsklasse an. Die konsonantische Deklination hat keinen Kennvokal; ein Bindevokal (Sprechvokal) erleichtert oft die Aussprache.

Bedeutungsteil	Signalteil	
amīc-	-ōs	→ **Akk. Pl.**
amōr-	-is	→ **Gen. Sg.**

Signalteile der Deklinationen:

		ā-Dekl.	o-Dekl.		ē-Dekl.	u-Dekl.		kons. Dekl.	
		f	m	n	f	m	▲n	m/f	n
Sg.	Nom.	-a	-us/-er	-um	-ēs	-us	-ū	(*versch.*)	(*versch.*)
	Gen.	-ae	-ī	-ī	-eī	-ūs	-ūs	-is	-is
	Dat.	-ae	-ō	-ō	-eī	-uī	-ū	-ī	-ī
	Akk.	-am	-um	-um	-em	-um	-ū	-em/-im	(*versch.*)
	Abl.	-ā	-ō	-ō	-ē	-ū	-ū	-e/-ī	-e/-ī
Pl.	Nom.	-ae	-ī	-a	-ēs	-ūs	-ua	-ēs	-a/-ia
	Gen.	-ārum	-ōrum	-ōrum	-ērum	-uum	-uum	-um/-ium	-um/-ium
	Dat.	-īs	-īs	-īs	-ēbus	-ibus	-ibus	-ibus	-ibus
	Akk.	-ās	-ōs	-a	-ēs	-ūs	-ua	-ēs	-a/-ia
	Abl.	-īs	-īs	-īs	-ēbus	-ibus	-ibus	-ibus	-ibus

2 Verb

Beim **Verb** besteht der **Signalteil** meist aus mehreren Zeichen. Man erkennt am

Modus-Zeichen	– den **Modus**
Tempus-Zeichen	– das **Tempus**
Person-Zeichen	– die **Person**, – den **Numerus**, – das **Genus verbi** (Aktiv/Passiv).

Bedeutungsteil	*Kennvokal* Binde-/ Sprechvokal	Signalteil Modus-Zeichen	Tempus-Zeichen	Person-Zeichen	
am-	*-a-*			-t	→ **Ind. Präs. 3. P. Sg. Akt.**
am-	*-ā-*		-bā-	-mur	→ **Ind. Impf. 1. P. Pl. Pass.**
leg-	-e-	-rē-		-s	→ **Konj. Impf. 2. P. Sg. Akt.**
audīv-			-era-	-m	→ **Ind. Plqupf. 1. P. Sg. Akt.**

Der Kennvokal gibt jeweils die Zugehörigkeit zu einer bestimmten Konjugationsklasse an (ā-/ē-/ī-/ĭ-Konjugation).
Die konsonantische Konjugation hat keinen Kennvokal; hier erleichtert der Bindevokal (Sprechvokal) die Aussprache.

Signalteile der Konjugationen

2.1 Präsensstamm

„Zeichen" des Signalteiles:

1. **Person-Zeichen** sind für alle Konjugationen sowie für *esse*:

	Aktiv			Passiv	
Sg. 1. P.	-ō/-m	vocō	sum	-or	voc**or**
2. P.	-s	vocās	es	-ris	vocā**ris**
3. P.	-t	vocat	est	-tur	vocā**tur**
Pl. 1. P.	-mus	vocā**mus**	sumus	-mur	vocā**mur**
2. P.	-tis	vocā**tis**	estis	-minī	vocā**minī**
3. P.	-nt	vocant	sunt	-ntur	vocan**tur**

2. **Tempus-Zeichen** sind für alle Konjugationen sowie für *esse/velle/īre/ferre:*

Impf. (alle Konj.)	Impf. (*esse*)	b-Futur (ā-/ē-Konj./*īre*)			Futur (*esse*)			a-/e-Futur (ī-/kons./ĭ-Konj./ *velle/ferre*)	
-ba-	-ra-	-b-	-bi-	-bu-	-r-	-ri-	-ru-	-a- (1. P. Sg.)	-e-
vocābam	eram	vocābō	monēbit	ībunt	erō	eris	erunt	legam	legēmus

3. **Modus-Zeichen** sind für alle Konjugationen sowie für *esse/velle/īre/ferre:*

Konjunktiv Präsens			Konjunktiv Imperfekt	
-e-	-a-	-i-	-re-	-se-
(ā-Konj.)	(ē-/ī-/kons./ĭ-Konj./ *īre/ferre)*	*(esse/velle)*	(ā-/ē-/ī-/kons./ĭ-Konj./ *īre/ferre)*	*(esse/velle)*
vocēs	moneam eātis ferant	sīmus velīmus	vocārem īrem ferrem	essem vellem (<velsem)

2.2 Perfektstamm

Der **Perfektstamm** wird durch eine **Veränderung des Präsensstammes** gebildet, die auf verschiedene Weise erfolgen kann. Man unterscheidet sechs Arten der Perfekt-Bildung:

v-Perfekt	u-Perfekt	s-Perfekt	Dehnungs-perfekt	Reduplikations-perfekt	Perfekt ohne Veränderung
vocō	*moneō*	*dīcō*	*legō*	*cadō*	*solvō*
vocāvī	**monuī**	**dīxī**	**lēgī**	**cécidī**	**solvī**

An den **Bedeutungsteil des Perfektstammes** wird der jeweilige Signalteil (für Person, Numerus, Tempus, Modus, Genus Aktiv/Passiv) angefügt:

	Perfekt	Plusquamperfekt	Futur II
	Person-Zeichen	Tempus-Zeichen	Tempus-Zeichen
		-era-	-ero/-eri-
Indikativ	-ī	-eram	-erō
	-istī	-erās	-eris
	-it	-erat	-erit
	-imus	-erāmus	-erimus
	-istis	-erātis	-eritis
	-ērunt	-erant	-erint

	Perfekt	Plusquamperfekt
	Modus-Zeichen	Modus-Zeichen
	-eri-	-isse-
Konjunktiv	-erim	-issem
	-eris	-issēs
	-erit	-isset
	-erimus	-issēmus
	-eritis	-issētis
	-erint	-issent

B Formenlehre des Nomens

1 Substantiv

Deklination

T1

	ā-Deklination	o-Deklination				ē-Dekl.	u-Deklination	
	Freundin f	*Freund* m	*Feld* m	*Junge* m	*Geschenk* n	*Sache* f	*Heer* m	▲*Horn* ▲n
Sg. Nom.	amīca	amīcus	ager	puer	dōnum	rēs	exercitus	▲cornū
Gen.	amīcae	amīcī	agrī	puerī	dōnī	reī	exercitūs	cornūs
Dat.	amīcae	amīcō	agrō	puerō	dōnō	reī	exercituī	cornū
Akk.	amīcam	amīcum	agrum	puerum	dōnum	rem	exercitum	cornū
Abl.	ā/ab amīcā	ā/ab amīcō	agrō	puerō	dōnō	dē rē	cum exercitū	cornū
Vok.	amīca	amīce	–	puer	–	–	–	–
Pl. Nom.	amīcae	amīcī	agrī	puerī	dōna	rēs	exercitūs	cornua
Gen.	amīcārum	amīcōrum	agrōrum	puerōrum	dōnōrum	rērum	exercituum	cornuum
Dat.	amīcīs	amīcīs	agrīs	puerīs	dōnīs	rēbus	exercitibus	cornibus
Akk.	amīcās	amīcōs	agrōs	puerōs	dōna	rēs	exercitūs	cornua
Abl.	ā/ab amīcīs	ā/ab amīcīs	agrīs	puerīs	dōnīs	dē rēbus	cum exercitibus	cornibus
Vok.	amīcae	amīcī	–	puerī	–	–	–	–

Die Form des **Vokativs** entspricht in der Regel dem **Nominativ,** außer bei **Maskulina der o-Deklination** auf **-us** im Sg. Bei Wörtern auf **-ius** lautet der Vokativ **-ī** (**meus fīlius** → **mī fīlī**).

T2

	Konsonantische Deklination						
	Sieger m	*Mensch* m	*Vater* m	*Staat* f	*Licht* f	*Geschlecht* n	*Name* n
Sg. Nom.	victor	homō	pater	cīvitās	lūx	genus	nōmen
Gen.	victōris	hominis	patris	cīvitātis	lūcis	generis	nōminis
Dat.	victōrī	hominī	patrī	cīvitātī	lūcī	generī	nōminī
Akk.	victōrem	hominem	patrem	cīvitātem	lūcem	genus	nōmen
Abl.	cum victōre	homine	patre	ā/ab cīvitāte	lūce	dē genere	nōmine
Vok.	victor	homō	pater				
Pl. Nom.	victōrēs	hominēs	patrēs	cīvitātēs	lūcēs	genera	nōmina
Gen.	victōrum	hominum	patrum	cīvitātum	lūcum	generum	nōminum
Dat.	victōribus	hominibus	patribus	cīvitātibus	lūcibus	generibus	nōminibus
Akk.	victōrēs	hominēs	patrēs	cīvitātēs	lūcēs	genera	nōmina
Abl.	cum victōribus	hominibus	patribus	ā/ab cīvitātibus	lūcibus	dē generibus	nōminibus
Vok.	victōrēs	hominēs	patrēs				

T3

	Konsonantische Deklination – Besonderheiten			
	Schiff f	*Stadt* f	▲*Turm* f	*Meer* n
Sg. Nom.	nāvis	urbs	▲turris	mare
Gen.	nāvis	urbis	turris	maris
Dat.	nāvī	urbī	turrī	marī
Akk.	nāvem	urbem	turrim	mare
Abl.	ā/ab nāve	urbe	turrī	ā/ab marī
Pl. Nom.	nāvēs	urbēs	turrēs	maria
Gen.	nāvium	urbium	turrium	marium
Dat.	nāvibus	urbibus	turribus	maribus
Akk.	nāvēs	urbēs	turrēs	maria
Abl.	ā/ab nāvibus	urbibus	turribus	ā/ab maribus

2 Adjektiv

2.1 Deklination

T4

	ā- und o-Deklination					
	froh			*rau*		
	m	f	n	m	f	n
Sg. Nom.	laetus	laeta	laetum	asper	aspera	asperum
Gen.	laetī	laetae	laetī	asperī	asperae	asperī
Dat.	laetō	laetae	laetō	asperō	asperae	asperō
Akk.	laetum	laetam	laetum	asperum	asperam	asperum
Abl.	laetō	laetā	laetō	asperō	asperā	asperō
Vok.	laete	laeta	(laetum)	asper	aspera	(asperum)
Pl. Nom.	laetī	laetae	laeta	asperī	asperae	aspera
Gen.	laetōrum	laetārum	laetōrum	asperōrum	asperārum	asperōrum
Dat.	laetīs	laetīs	laetīs	asperīs	asperīs	asperīs
Akk.	laetōs	laetās	laeta	asperōs	asperās	aspera
Abl.	laetīs	laetīs	laetīs	asperīs	asperīs	asperīs

T5

	Konsonantische Deklination								
	scharf			*kurz*			*glücklich*		
	m	f	n	m/f		n	m/f		n
Sg. Nom.	ācer	ācris	ācre	brevis		breve		fēlīx	
Gen.		ācris			brevis			fēlīcis	
Dat.		ācrī			brevī			fēlīcī	
Akk.	ācrem		ācre	brevem		breve	fēlīcem		fēlīx
Abl.		ācrī			brevī			fēlīcī	
Pl. Nom.	ācrēs		ācria	brevēs		brevia	fēlīcēs		fēlīcia
Gen.		ācrium			brevium			fēlīcium	
Dat.		ācribus			brevibus			fēlīcibus	
Akk.	ācrēs		ācria	brevēs		brevia	fēlīcēs		fēlīcia
Abl.		ācribus			brevibus			fēlīcibus	
	„drei-endig“			*„zwei-endig“*			*„ein-endig“*		

2.2 Steigerung

Im Lateinischen erkennst du die **Vergleichsstufen** der Adjektive an folgenden Signalen:

Komparativ-Zeichen: **-ior-**
-ius (Nom./Akk. Sg. n)

Superlativ-Zeichen: **-issim-**,
-rim- (bei Adjektiven, deren Nom. Sg. m auf **-er** endet),
-lim- (bei einigen Adjektiven, die auf **-lis** enden)

T6

	Positiv	Komparativ	Elativ/Superlativ
Bedeutungsteil			
clār-	-us, -a, -um	**-ior, -ior, -ius**	**-issim-** -us, -a, -um
celer-	–, -is, -e	**-ior, -ior, -ius**	**-rim-** -us, -a, -um
simil-	-is, -is, -e	**-ior, -ior, -ius**	**-lim-** -us, -a, -um

Der Superlativ kann mit der Höchststufe (der berühmteste) oder dem Elativ (der sehr/äußerst berühmte) übersetzt werden.

2.2.1 Deklination des Komparativs

Die **Formen des Komparativs** werden **dekliniert** wie die **Substantive der Konsonantischen Deklination,** die auf **-or** enden.

T7

	Singular			Plural		
	m	f	n	m	f	n
Nom.	clārior	clārior	clār**ius**	clāriōrēs	clāriōrēs	clāriōra
Gen.	clāriōris	clāriōris	clāriōris	clāriōrum	clāriōrum	clāriōrum
Dat.	clāriōrī	clāriōrī	clāriōrī	clāriōribus	clāriōribus	clāriōribus
Akk.	clāriōrem	clāriōrem	clār**ius**	clāriōrēs	clāriōrēs	clāriōra
Abl.	clāriōre	clāriōre	clāriōre	clāriōribus	clāriōribus	clāriōribus

2.2.2 Deklination des Superlativs

Die **Formen des Superlativs** folgen der **ā-/o-Deklination.**

2.2.3 Unregelmäßige Bildung der Steigerungsformen

T8

groß	māgnus, -a, -um	mā **-ior**, mā **-ior**, mā **-ius**	māximus, -a, -um
klein	parvus, -a, -um	min **-or**, min **-or**, min **-us**	minimus, -a, -um
gut	bonus, -a, -um	mel **-ior**, mel **-ior**, mel **-ius**	optimus, -a, -um
schlecht	malus, -a, -um	pe **-ior**, pe **-ior**, pe **-ius**	pessimus, -a, -um
viele	multī, -ae, -a	plūr -ēs, plūr -ēs, plūr -a	plūrimī, -ae, -a

3 Adverb

3.1 Bildungsarten

Erstarrte Wortprägungen

subitō	plötzlich	*diū*	lange	*iterum*	wiederum
nunc	jetzt	*ibi*	dort	*plērumque*	meistenteils

Aus Adjektiven gebildete Adverbien

T9

	ā-/o-Deklination			Konsonantische Deklination		
Positiv	(certus)	cert-	-ē	(crūdēlis)	crūdēl-	-iter
		sicher(lich)			grausam, auf grausame Weise	
	(līber)	līber-	-ē	(vehemēns)	vehemen-	**-ter**
		frei(mütig)			heftig, auf nachdrückliche Art	

3.2 Steigerung

T10

	ā-/o-Deklination			Konsonantische Deklination		
Komparativ	(certus)	cert-	**-ius**	(crūdēlis)	crūdēl-	**-ius**
Superlativ	(certus)	cert-	**-issimē**	(vehemēns)	vehement-	**-issimē**
	(pulcher)	pulcher-	**-rimē**	(ācer)	ācer-	**-rimē**
				(facilis)	facil-	**-limē**

4 Pronomen

4.1 Personal-Pronomen

T11

		nicht reflexiv		reflexiv	
1. P. Sg.	Nom.	ego	*ich*		
	Gen.	meī	*meiner*		
	Dat.	mihī	*mir*		
	Akk.	mē	*mich*		
	Abl.	mēcum	*mit mir*		
2. P. Sg.	Nom.	tū	*du*		
	Gen.	tuī	*deiner*		
	Dat.	tibī	*dir*		
	Akk.	tē	*dich*		
	Abl.	tēcum	*mit dir*		
3. P. Sg.	Nom.	is, ea, id	*er, sie, es*		
	Gen.	eius	*seiner, ihrer, dessen*	suī	*seiner, ihrer*
	Dat.	eī	*ihm, ihr, ihm*	sibī	*sich*
	Akk.	eum, ea, id	*ihn, sie, es*	sē	*sich*
	Abl.	cum eō, eā, eō	*mit ihm, ihr, ihm*	sēcum	*mit/bei sich*

		nicht reflexiv		reflexiv	
1. P. Pl.	Nom.	nōs	*wir*		
	Gen.	nostrī, nostrum	*unser, von uns*		
	Dat.	nōbīs	*uns*		
	Akk.	nōs	*uns*		
	Abl.	nōbīscum	*mit uns*		
2. P. Pl.	Nom.	vōs	*ihr*		
	Gen.	vestrī, vestrum	*euer, von euch*		
	Dat.	vōbīs	*euch*		
	Akk.	vōs	*euch*		
	Abl.	vōbīscum	*mit euch*		
3. P. Pl.	Nom.	eī/iī, eae, ea	*sie*		
	Gen.	eōrum, eārum, eōrum	*ihrer*	suī	*ihrer*
	Dat.	eīs (iīs)	*ihnen*	sibī	*sich*
	Akk.	eōs, eās, ea	*sie*	sē	*sich*
	Abl.	cum eīs (iīs)	*mit ihnen*	sēcum	*mit/bei sich*

4.2 Possessiv-Pronomen

T12

Singular		Plural	
meus, mea, meum	*mein*	noster, nostra, nostrum	*unser*
tuus, tua, tuum	*dein*	vester, vestra, vestrum	*euer*
eius (*nicht refl.*)	*sein(e)/ihr(e)*	eōrum, eārum, eōrum (*nicht refl.*)	*ihr(e)*
suus, sua, suum (*refl.*)	*sein(e)/ihr(e)*	suus, sua, suum (*refl.*)	*ihr(e)*

4.3 Demonstrativ-Pronomen

T13

	Lateinisch						Deutsch			
	Singular			Plural			Singular			Plural
	m	f	n	m	f	n				
Nom.	is	ea	id	iī (eī)	eae	ea	*dieser*	*diese*	*dieses*	*diese*
Gen.	eius	eius	eius	eōrum	eārum	eōrum	*dieses*	*dieser*	*dieses*	*dieser*
Dat.	eī	eī	eī	eīs (iīs)	eīs (iīs)	eīs (iīs)	*diesem*	*dieser*	*diesem*	*diesen*
Akk.	eum	eam	id	eōs	eās	ea	*diesen*	*diese*	*dieses*	*diese*
Abl.	cum eō	cum eā	eō	cum eīs (iīs)	cum eīs (iīs)	eīs (iīs)	*mit diesem*	*mit dieser*	*mit diesem*	*mit diesen*

T14

	Lateinisch						Deutsch			
	Singular			Plural			Singular			Plural
	m	f	n	m	f	n				
Nom.	hic	haec	hoc	hī	hae	haec	*dieser*	*diese*	*dieses*	*diese*
Gen.	huius	huius	huius	hōrum	hārum	hōrum	*dieses*	*dieser*	*dieses*	*dieser*
Dat.	huic	huic	huic	hīs	hīs	hīs	*diesem*	*dieser*	*diesem*	*diesen*
Akk.	hunc	hanc	hoc	hōs	hās	haec	*diesen*	*diese*	*dieses*	*diese*
Abl.	cum hōc	cum hāc	hōc	cum hīs	cum hīs	hīs	*mit diesem*	*mit dieser*	*mit diesem*	*mit diesen*

T15

	Lateinisch						Deutsch			
	Singular			Plural			Singular			Plural
	m	f	n	m	f	n				
Nom.	ille	illa	illud	illī	illae	illa	*jener*	*jene*	*jenes*	*jene*
Gen.	illīus	illīus	illīus	illōrum	illārum	illōrum	*jenes*	*jener*	*jenes*	*jener*
Dat.	illī	illī	illī	illīs	illīs	illīs	*jenem*	*jener*	*jenem*	*jenen*
Akk.	illum	illam	illud	illōs	illās	illa	*jenen*	*jene*	*jenes*	*jene*
Abl.	cum illō	cum illā	illō	cum illīs	cum illīs	illīs	*mit jenem*	*mit jener*	*mit jenem*	*mit jenen*

T16

	Lateinisch						Deutsch
	Singular			Plural			
	m	f	n	m	f	n	
Nom.	ipse	ipsa	ipsum	ipsī	ipsae	ipsa	
Gen.	ipsīus	ipsīus	ipsīus	ipsōrum	ipsārum	ipsōrum	
Dat.	ipsī	ipsī	ipsī	ipsīs	ipsīs	ipsīs	*selbst*
Akk.	ipsum	ipsam	ipsum	ipsōs	ipsās	ipsa	
Abl.	ipsō	ipsā	ipsō	ipsīs	ipsīs	ipsīs	

T17

	Lateinisch						Deutsch			
	Singular			Plural			Singular			Plural
	m	f	n	m	f	n				
Nom.	īdem	eadem	idem	iīdem	eaedem	eadem	*derselbe*	*dieselbe*	*dasselbe*	*dieselben*
Gen.	eiusdem	eiusdem	eiusdem	eōrundem	eārundem	eōrundem	*desselben*	*derselben*	*desselben*	*derselben*
Dat.	eīdem	eīdem	eīdem	eīsdem (iīsdem)	eīsdem (iīsdem)	eīsdem (iīsdem)	*demselben*	*derselben*	*demselben*	*denselben*
Akk.	eundem	eandem	idem	eōsdem	eāsdem	eadem	*denselben*	*dieselbe*	*dasselbe*	*dieselben*
Abl.	cum eōdem	cum eādem	eōdem	cum eīsdem (iīsdem)	cum eīsdem (iīsdem)	eīsdem (iīsdem)	*mit demselben*	*mit derselben*	*mit demselben*	*mit denselben*

4.4 Relativ-Pronomen

T18

	Lateinisch						Deutsch			
	Singular			Plural			Singular			Plural
	m	f	n	m	f	n				
Nom.	quī	quae	quod	quī	quae	quae	*der*	*die*	*das*	*die*
Gen.	cuius	cuius	cuius	quōrum	quārum	quōrum	*dessen*	*deren*	*dessen*	*deren*
Dat.	cui	cui	cui	quibus	quibus	quibus	*dem*	*der*	*dem*	*denen*
Akk	quem	quam	quod	quōs	quās	quae	*den*	*die*	*das*	*die*
Abl.	quōcum	quācum	quō	quibuscum	quibuscum	quibus	*mit dem*	*mit der*	*mit dem*	*mit denen*

4.5 Interrogativ-Pronomen

T19

	Substantivisch		Adjektivisch					
	quis?/quid?		quī, quae, quod?					
			m	f	n			
Nom.	quis?/quid?	*wer?/was?*	quī	quae	quod	*welcher?*	*welche?*	*welches?*
Gen.	cuius?	*wessen?*	cuius	cuius	cuius	*wessen?*	*wessen?*	*wessen?*
Dat.	cui?	*wem?*	cui	cui	cui	*welchem?*	*welcher?*	*welchem?*
Akk.	quem?/quid?	*wen?/was?*	*usw. wie Relativ-Pron. T18*			*usw.*	*usw.*	*usw.*
Abl.	ā/dē quō?	*von wem?/über wen?*						
	quōcum?	*mit wem?*						

4.6 Indefinit-Pronomen

T20

	Substantivisch* / Adjektivisch					
	quīdam, quaedam, quoddam *ein (gewisser)*					
	Singular			**Plural**		
	m	f	n	m	f	n
Nom.	quīdam	quaedam	quoddam*	quīdam	quaedam	quaedam
Gen.	cuiusdam	cuiusdam	cuiusdam	quōrundam	quārundam	quōrundam
Dat.	cuidam	cuidam	cuidam	quibusdam	quibusdam	quibusdam
Akk.	quendam	quandam	quoddam*	quōsdam	quāsdam	quaedam
Abl.	quōdam	quādam	quōdam	quibusdam	quibusdam	quibusdam

* Bei substantivischem Gebrauch lautet der Nom./Akk. Sg. des Neutrum *quiddam*. Alle anderen Formen sind identisch.

T21

		Substantivisch
		aliquis/aliquid
Nom.	aliquis/aliquid	*irgendjemand/irgendetwas*
Gen.	alicuius	*irgendjemandes*
Dat.	alicui	*irgendjemandem*
Akk.	aliquem/aliquid	*irgendjemanden/irgendetwas*
Abl.	ā/dē aliquō	*von/über irgendjemanden*
	cum aliquō	*mit irgendjemandem*

T22

	Adjektivisch		
	aliquī, aliquae, aliquod *irgendein, irgendeine, irgendein*		
	m	f	n
Sg. Nom.	aliquī	aliqua	aliquod
Gen.	alicuius	alicuius	alicuius
Dat.	alicui	alicui	alicui
Akk.	aliquem	aliquam	aliquod
Abl.	cum aliquō	cum aliquā	aliquō
Pl. Nom.	aliquī	aliquae	aliqua
Gen.	aliquōrum	aliquārum	aliquōrum
Dat.	aliquibus	aliquibus	aliquibus
Akk.	aliquōs	aliquās	aliqua
Abl.	cum aliquibus	cum aliquibus	aliquibus

5 Numerale

5.1 Grundzahlen 1–3, Plural von 1000

T23

	ūnus			duo			trēs			mīlia
	m	f	n	m	f	n	m	f	n	n
Nom.	ūnus	ūna	ūnum	duo	duae	duo	trēs	trēs	tria	mīlia
Gen.	ūnīus	ūnīus	ūnīus	duōrum	duārum	duōrum	trium	trium	trium	mīlium
Dat.	ūnī	ūnī	ūnī	duōbus	duābus	duōbus	tribus	tribus	tribus	mīlibus
Akk.	ūnum	ūnam	ūnum	duo/duōs	duās	duo	trēs	trēs	tria	mīlia
Abl.	ūnō	ūnā	ūnō	duōbus	duābus	duōbus	tribus	tribus	tribus	mīlibus

5.2 Grund- und Ordnungszahlen 1–10

T24

Ziffer		Grundzahl	Ordnungszahl
1	I	ūnus, ūna, ūnum	prīmus, -a, -um
2	II	duo, duae, duo	secundus, -a, -um
3	III	trēs, trēs, tria	tertius, -a, -um
4	IV	quattuor	quārtus, -a, -um
5	V	quīnque	quīntus, -a, -um
6	VI	sex	sextus, -a, -um
7	VII	septem	septimus, -a, -um
8	VIII	octō	octāvus, -a, -um
9	IX	novem	nōnus, -a, -um
10	X	decem	decimus, -a, -um

C Formenlehre des Verbs

1 Vollverb

1.1 Konjugation

Präsens, Imperfekt, Futur I Aktiv T25

		ā-Konjugation	ē-Konjugation	ī-Konjugation	Konsonantische Konjugation	ĭ-Konjugation (kurzvokalisch)
	Infinitiv	*(zu) rufen*	*(zu) mahnen*	*(zu) hören*	*(zu) schicken*	*(zu) fangen*
		vocā-re	monē-re	audī-re	mitt-*ĕ*-re	capĕ-re
				Indikativ		
Präsens	*ich rufe, ...*	voc-ō	mone-ō	audi-ō	mitt-ō	capĭ-ō
		vocā-s	monē-s	audī-s	mitt-*i*s	capĭ-s
		voca-t	mone-t	audi-t	mitt-*i*t	capĭ-t
		vocā-mus	monē-mus	audī-mus	mitt-*i*mus	capĭ-mus
		vocā-tis	monē-tis	audī-tis	mitt-*i*tis	capĭ-tis
		voca-nt	mone-nt	audi-*u*nt	mitt-*u*nt	capĭ-*u*nt
				Konjunktiv		
		voc-em	mone-am	audi-am	mitt-am	capĭ-am
		voc-ēs	mone-ās	audi-ās	mitt-ās	capĭ-ās
		voc-et	mone-at	audi-at	mitt-at	capĭ-at
		voc-ēmus	mone-āmus	audi-āmus	mitt-āmus	capĭ-āmus
		voc-ētis	mone-ātis	audi-ātis	mitt-ātis	capĭ-ātis
		voc-ent	mone-ant	audi-ant	mitt-ant	capĭ-ant
				Indikativ		
Imperfekt	*ich rief, ...*	vocā-**bam**	monē-**bam**	audi-ē**bam**	mitt-ē**bam**	capĭ-ē**bam**
		vocā-**bās**	monē-**bās**	audi-ē**bās**	mitt-ē**bās**	capĭ-ē**bās**
		vocā-**bat**	monē-**bat**	audi-ē**bat**	mitt-ē**bat**	capĭ-ē**bat**
		vocā-**bāmus**	monē-**bāmus**	audi-ē**bāmus**	mitt-ē**bāmus**	capĭ-ē**bāmus**
		vocā-**bātis**	monē-**bātis**	audi-ē**bātis**	mitt-ē**bātis**	capĭ-ē**bātis**
		vocā-**bant**	monē-**bant**	audi-ē**bant**	mitt-ē**bant**	capĭ-ē**bant**
				Konjunktiv		
		vocā-**rem**	monē-**rem**	audī-**rem**	mitt-*e*-**rem**	capĕ-**rem**
		vocā-**rēs**	monē-**rēs**	audī-**rēs**	mitt-*e*-**rēs**	capĕ-**rēs**
		vocā-**ret**	monē-**ret**	audī-**ret**	mitt-*e*-**ret**	capĕ-**ret**
		vocā-**rēmus**	monē-**rēmus**	audī-**rēmus**	mitt-*e*-**rēmus**	capĕ-**rēmus**
		vocā-**rētis**	monē-**rētis**	audī-**rētis**	mitt-*e*-**rētis**	capĕ-**rētis**
		vocā-**rent**	monē-**rent**	audī-**rent**	mitt-*e*-**rent**	capĕ-**rent**
Futur I	*ich werde rufen, ...*	vocā-**bō**	monē-**bō**	audi-am	mitt-am	capĭ-am
		vocā-**b***i***s**	monē-**b***i***s**	audi-ēs	mitt-ēs	capĭ-ēs
		vocā-**b***i***t**	monē-**b***i***t**	audi-et	mitt-et	capĭ-et
		vocā-**b***i***mus**	monē-**b***i***mus**	audi-ēmus	mitt-ēmus	capĭ-ēmus
		vocā-**b***i***tis**	monē-**b***i***tis**	audi-ētis	mitt-ētis	capĭ-ētis
		vocā-**b***u***nt**	monē-**b***u***nt**	audi-ent	mitt-ent	capĭ-ent
	Imperativ					
	rufe!	vocā!	monē!	audī!	mitt-*ĕ*!	capĕ!
	ruft!	vocā-te!	monē-te!	audī-te!	mitt-*i*te!	capĭ-te!

Präsens, Imperfekt, Futur I Passiv

T26

		ā-Konjugation	ē-Konjugation	ī-Konjugation	Konsonantische Konjugation	ĭ-Konjugation (kurzvokalisch)
	Infinitiv	*gerufen (zu) werden*	*gemahnt (zu) werden*	*gehört (zu) werden*	*geschickt (zu) werden*	*gefangen (zu) werden*
		vocā-rī	monē-rī	audī-rī	mitt-ī	capī
Präsens				Indikativ		
	ich werde gerufen, ...	voc-or	mone-or	audi-or	mitt-or	capĭ-or
		vocā-ris	monē-ris	audī-ris	mitt-eris	cape-ris
		vocā-tur	monē-tur	audī-tur	mitt-*i*tur	capĭ-tur
		vocā-mur	monē-mur	audī-mur	mitt-*i*mur	capĭ-mur
		vocā-minī	monē-minī	audī-minī	mitt-*i*minī	capĭ-minī
		voca-ntur	mone-ntur	audi-*u*ntur	mitt-*u*ntur	capĭ-*u*ntur
				Konjunktiv		
		voc-er	mone-ar	audi-ar	mitt-ar	capĭ-ar
		voc-ēris	mone-āris	audi-āris	mitt-āris	capĭ-āris
		voc-ētur	mone-ātur	audi-ātur	mitt-ātur	capĭ-ātur
		voc-ēmur	mone-āmur	audi-āmur	mitt-āmur	capĭ-āmur
		voc-ēminī	mone-āminī	audi-āminī	mitt-āminī	capĭ-āminī
		voc-entur	mone-antur	audi-antur	mitt-antur	capĭ-antur
Imperfekt				Indikativ		
	ich wurde gerufen, ...	vocā-bar	monē-bar	audi-ēbar	mitt-ēbar	capĭ-ēbar
		vocā-bāris	monē-bāris	audi-ēbāris	mitt-ēbāris	capĭ-ēbāris
		vocā-bātur	monē-bātur	audi-ēbātur	mitt-ēbātur	capĭ-ēbātur
		vocā-bāmur	monē-bāmur	audi-ēbāmur	mitt-ēbāmur	capĭ-ēbāmur
		vocā-bāminī	monē-bāminī	audi-ēbāminī	mitt-ēbāminī	capĭ-ēbāminī
		vocā-bantur	monē-bantur	audi-ēbantur	mitt-ēbantur	capĭ-ēbantur
				Konjunktiv		
		vocā-rer	monē-rer	audī-rer	mitt-*e*-rer	capĕ-rer
		vocā-rēris	monē-rēris	audī-rēris	mitt-*e*-rēris	capĕ-rēris
		vocā-rētur	monē-rētur	audī-rētur	mitt-*e*-rētur	capĕ-rētur
		vocā-rēmur	monē-rēmur	audī-rēmur	mitt-*e*-rēmur	capĕ-rēmur
		vocā-rēminī	monē-rēminī	audī-rēminī	mitt-*e*-rēminī	capĕ-rēminī
		vocā-rentur	monē-rentur	audī-rentur	mitt-*e*-rentur	capĕ-rentur
Futur I	*ich werde gerufen werden, ...*	vocā-bor	monē-bor	audi-ar	mitt-ar	capĭ-ar
		vocā-beris	monē-beris	audi-ēris	mitt-ēris	capĭ-ēris
		vocā-b*i*tur	monē-b*i*tur	audi-ētur	mitt-ētur	capĭ-ētur
		vocā-b*i*mur	monē-b*i*mur	audi-ēmur	mitt-ēmur	capĭ-ēmur
		vocā-b*i*minī	monē-b*i*minī	audi-ēminī	mitt-ēminī	capĭ-ēminī
		vocā-b*u*ntur	monē-b*u*ntur	audi-entur	mitt-entur	capĭ-entur

Perfekt, Plusquamperfekt, Futur II Aktiv

T27

		ā-Konjugation	ē-Konjugation	ī-Konjugation	Konsonantische Konjugation	ĭ-Konjugation (kurzvokalisch)
	Infinitiv	*gerufen (zu) haben*	*gemahnt (zu) haben*	*gehört (zu) haben*	*geschickt (zu) haben*	*gefangen (zu) haben*
		vocāv-isse	monu-isse	audīv-isse	mīs-isse	cēp-isse
				Indikativ		
Perfekt	*ich habe*	vocāv-ī	monu-ī	audīv-ī	mīs-ī	cēp-ī
	gerufen, ...	vocāv-istī	monu-istī	audīv-istī	mīs-istī	cēp-istī
		vocāv-it	monu-it	audīv-it	mīs-it	cēp-it
		vocāv-imus	monu-imus	audīv-imus	mīs-imus	cēp-imus
		vocāv-istis	monu-istis	audīv-istis	mīs-istis	cēp-istis
		vocāv-ērunt	monu-ērunt	audīv-ērunt	mīs-ērunt	cēp-ērunt
				Konjunktiv		
		vocāv-erim	monu-erim	audīv-erim	mīs-erim	cēp-erim
		vocāv-eris	monu-eris	audīv-eris	mīs-eris	cēp-eris
		vocāv-erit	monu-erit	audīv-erit	mīs-erit	cēp-erit
		vocāv-erimus	monu-erimus	audīv-erimus	mīs-erimus	cēp-erimus
		vocāv-eritis	monu-eritis	audīv-eritis	mīs-eritis	cēp-eritis
		vocāv-erint	monu-erint	audīv-erint	mīs-erint	cēp-erint
				Indikativ		
Plusquamperfekt	*ich hatte*	vocāv-eram	monu-eram	audīv-eram	mīs-eram	cēp-eram
	gerufen, ...	vocāv-erās	monu-erās	audīv-erās	mīs-erās	cēp-erās
		vocāv-erat	monu-erat	audīv-erat	mīs-erat	cēp-erat
		vocāv-erāmus	monu-erāmus	audīv-erāmus	mīs-erāmus	cēp-erāmus
		vocāv-erātis	monu-erātis	audīv-erātis	mīs-erātis	cēp-erātis
		vocāv-erant	monu-erant	audīv-erant	mīs-erant	cēp-erant
				Konjunktiv		
		vocāv-issem	monu-issem	audīv-issem	mīs-issem	cēp-issem
		vocāv-issēs	monu-issēs	audīv-issēs	mīs-issēs	cēp-issēs
		vocāv-isset	monu-isset	audīv-isset	mīs-isset	cēp-isset
		vocāv-issēmus	monu-issēmus	audīv-issēmus	mīs-issēmus	cēp-issēmus
		vocāv-issētis	monu-issētis	audīv-issētis	mīs-issētis	cēp-issētis
		vocāv-issent	monu-issent	audīv-issent	mīs-issent	cēp-issent
Futur II	*ich werde*	vocāv-erō	monu-erō	audīv-erō	mīs-erō	cēp-erō
	gerufen	vocāv-eris	monu-eris	audīv-eris	mīs-eris	cēp-eris
	haben, ...	vocāv-erit	monu-erit	audīv-erit	mīs-erit	cēp-erit
		vocāv-erimus	monu-erimus	audīv-erimus	mīs-erimus	cēp-erimus
		vocāv-eritis	monu-eritis	audīv-eritis	mīs-eritis	cēp-eritis
		vocāv-erint	monu-erint	audīv-erint	mīs-erint	cēp-erint

Perfekt, Plusquamperfekt, Futur II Passiv

T28

		ā-Konjugation	ē-Konjugation	ī-Konjugation	Konsonantische Konjugation	ĭ-Konjugation (kurzvokalisch)
	Infinitiv	*gerufen worden (zu) sein* vocātum, -am, -um esse	*gemahnt worden (zu) sein* monitum, -am, -um esse	*gehört worden (zu) sein* audītum, -am, -um esse	*geschickt worden (zu) sein* missum, -am, -um esse	*gefangen worden (zu) sein* captum, -am, -um esse
Perfekt				Indikativ		
Perfekt	*ich bin gerufen worden, ...*	vocātus, -a, -um sum es est	monitus, -a, -um sum es est	audītus, -a, -um sum es est	missus, -a, -um sum es est	captus, -a, -um sum es est
Perfekt		vocātī, -ae, -a sumus estis sunt	monitī, -ae, -a sumus estis sunt	audītī, -ae, -a sumus estis sunt	missī, -ae, -a sumus estis sunt	captī, -ae, -a sumus estis sunt
Perfekt				Konjunktiv		
Perfekt		vocātus, -a, -um sim sīs sit	monitus, -a, -um sim sīs sit	audītus, -a, -um sim sīs sit	missus, -a, -um sim sīs sit	captus, -a, -um sim sīs sit
Perfekt		vocātī, -ae, -a sīmus sītis sint	monitī, -ae, -a sīmus sītis sint	audītī, -ae, -a sīmus sītis sint	missī, -ae, -a sīmus sītis sint	captī, -ae, -a sīmus sītis sint
Plusquamperfekt				Indikativ		
Plusquamperfekt	*ich war gerufen worden, ...*	vocātus, -a, -um eram erās erat	monitus, -a, -um eram erās erat	audītus, -a, -um eram erās erat	missus, -a, -um eram erās erat	captus, -a, -um eram erās erat
Plusquamperfekt		vocātī, -ae, -a erāmus erātis erant	monitī, -ae, -a erāmus erātis erant	audītī, -ae, -a erāmus erātis erant	missī, -ae, -a erāmus erātis erant	captī, -ae, -a erāmus erātis erant
Plusquamperfekt				Konjunktiv		
Plusquamperfekt		vocātus, -a, -um essem essēs esset	monitus, -a, -um essem essēs esset	audītus, -a, -um essem essēs esset	missus, -a, -um essem essēs esset	captus, -a, -um essem essēs esset
Plusquamperfekt		vocātī, -ae, -a essēmus essētis essent	monitī, -ae, -a essēmus essētis essent	audītī, -ae, -a essēmus essētis essent	missī, -ae, -a essēmus essētis essent	captī, -ae, -a essēmus essētis essent
Futur II	*ich werde gerufen worden sein, ...*	vocātus, -a, -um erō eris erit	monitus, -a, -um erō eris erit	audītus, -a, -um erō eris erit	missus, -a, -um erō eris erit	captus, -a, -um erō eris erit
Futur II		vocātī, -ae, -a erimus eritis erunt	monitī, -ae, -a erimus eritis erunt	audītī, -ae, -a erimus eritis erunt	missī, -ae, -a erimus eritis erunt	captī, -ae, -a erimus eritis erunt

1.2 Nominalformen

1.2.1 Infinitiv

T29

Infinitiv		ā-Konjugation	ē-Konjugation	ī-Konjugation	Konsonantische Konjugation	ĭ-Konjugation (kurzvokalisch)
AKTIV	Präsens	vocā-re	monē-re	audī-re	mitt-e-re	cape-re
	Perfekt	vocāv-isse	monu-isse	audīv-isse	mīs-isse	cēp-isse
	Futur	vocā-tūr-um, -am, -um esse	moni-tūr-um, -am, -um esse	audī-tūr-um, -am, -um esse	mis-sūr-um, -am, -um esse	cap-tūr-um, -am, -um esse
PASSIV	Präsens	vocā-rī	monē-rī	audī-rī	mitt-ī	capī
	Perfekt	vocā-t-um, -am, -um esse	moni-t-um, -am, -um esse	audī-t-um, -am, -um esse	mis-s-um, -am, -um esse	cap-t-um, -am, -um esse

1.2.2 Partizip

Das **Partizip Präsens Aktiv** wird wie die **Adjektive** der **konsonantischen Deklination** (mit **Ausnahme** des **Abl. Sg.**, den das **PPA** auf ***-e*** bildet) dekliniert.
Das **Partizip Futur Aktiv** und das **Partizip Perfekt Passiv** folgen der **ā-/o-Deklination.**

T30

Partizip		ā-Konjugation	ē-Konjugation	ī-Konjugation	Konsonantische Konjugation	ĭ-Konjugation (kurzvokalisch)
AKTIV	Präsens	vocā-ns, -ntis	monē-ns, -ntis	audi-ē-ns, -ntis	mitt-ē-ns, -ntis	capi-ē-ns, -ntis
	Futur	vocā-tūr-us, -a, -um	moni-tūr-us, -a, -um	audī-tūr-us, -a, -um	mis-sūr-us, -a, -um	cap-tūr-us, -a, -um
PASSIV	Perfekt	vocā-t-us, -a, -um	moni-t-us, -a, -um	audī-t-us, -a, -um	mis-s-us, -a, -um	cap-t-us, -a, -um

1.2.3 Gerundium/Gerundivum

Das **Gerundium** folgt der **o-Deklination im Neutrum Sg**. Es erscheint nur in **drei Kasus: Genitiv, Akkusativ** und **Ablativ**. Für den **Nominativ** tritt der **Infinitiv Präsens Aktiv** als substantivierter Infinitiv ein.
Das **Gerundivum** erscheint in allen **drei Genera, Numeri und Kasus**.

T31

Gerundium		ā-Konjugation	ē-Konjugation	ī-Konjugation	Konsonantische Konjugation	ĭ-Konjugation (kurzvokalisch)
AKTIV	Nom.	(vocāre)	(monēre)	(audīre)	(mittere)	(capere)
	Gen.	voca- ndī	mone- ndī	audi- e-ndī	mitt- e-ndī	capi- e-ndī
	Dat.	voca- ndō	mone- ndō	audi- e-ndō	mitt- e-ndō	capi- e-ndō
	Akk.	ad voca- ndum	ad mone- ndum	ad audi- e-ndum	ad mitt- e-ndum	capi- e-ndum
	Abl.	voca- ndō	mone- ndō	audi- e-ndō	mitt- e-ndō	capi- e-ndō
Gerundivum		ā-Konjugation	ē-Konjugation	ī-Konjugation	Konsonantische Konjugation	ĭ-Konjugation (kurzvokalisch)
PASSIV		voca-ndus, -a, -um	mone- ndus, -a, -um	audi- e-ndus, -a, -um	mitt- e-ndus, -a, -um	capi- e-ndus, -a, -um

1.3 Stammformen

1.3.1 ā-Konjugation

T32

Perfekt-Bildung mit -v-

1.	vocō	vocāvī	vocātum	vocāre	rufen; nennen

In gleicher Weise werden die Stammformen der meisten Verben der ā-Konjugation gebildet.

Perfekt-Bildung durch Dehnung

2.	iuvō	iūvī	iūtum	iuvāre (*m. Akk.*)	helfen, unterstützen; erfreuen

Perfekt-Bildung durch Reduplikation

3.	dō	dedī	datum	dare	(von sich) geben; gestatten
	circum|dō	circumdedī	circumdatum	circumdare	umgeben; umzingeln
4.	stō	stetī	statum	stāre	(da)stehen
	circum|stō	circumstetī	–	circumstāre	um ... herum stehen
	īn|stō	īnstitī	–	īnstāre	drohen, bevorstehen
	prae|stō	praestitī	–	praestāre	(*m. Dat.*) übertreffen; (*m. Akk.*) leisten; zeigen
	re|stō	restitī	–	restāre	übrig sein, übrig bleiben; überleben

1.3.2 ē-Konjugation

T33

Perfekt-Bildung mit -v-

1.	dēleō	dēlēvī	dēlētum	dēlēre	zerstören, vernichten
2.	fleō	flēvī	flētum	flēre	weinen; beklagen
3.	ex|pleō	explēvī	explētum	explēre	(aus-, an-, er)füllen; wiedergutmachen
	com|pleō	complēvī	complētum	complēre	anfüllen; erfüllen; vollenden

Perfekt-Bildung mit -u-

4.	arceō	arcuī	–	arcēre	abwehren, fernhalten
5.	careō	caruī	–	carēre (*m. Abl.*)	frei sein (*von etw.*), (*etw.*) nicht haben
6.	cēnseō	cēnsuī	cēnsum	cēnsēre	(ein)schätzen; der Ansicht sein; (*m. doppeltem Akk.*) halten für
7.	doceō	docuī	doctum	docēre	unterrichten; lehren
8.	doleō	doluī	–	dolēre	schmerzen; bedauern
9.	exerceō	exercuī	–	exercēre	(aus)üben; ausbilden
10.	flōreō	flōruī	–	flōrēre	blühen; hervorragend sein
11.	habeō	habuī	habitum	habēre	haben; halten
	ad|hibeō	adhibuī	adhibitum	adhibēre	anwenden; hinzuziehen
	dēbeō	dēbuī	dēbitum	dēbēre	(*m. Inf.*) müssen; verdanken; schulden
	praebeō	praebuī	praebitum	(se) praebēre	(dar)reichen, gewähren; (sich zeigen als)
	pro|hibeō	prohibuī	prohibitum	prohibēre	abhalten, hindern
12.	horreō	horruī	–	horrēre (*m. Akk.*)	erschrecken (*vor*), schaudern
13.	iaceō	iacuī	–	iacēre	(da)liegen
14.	lateō	latuī	–	latēre	verborgen sein
15.	mereō	meruī	meritum	merēre	verdienen
16.	moneō	monuī	monitum	monēre	erinnern; mahnen, auffordern
17.	noceō	nocuī	–	nocēre	schaden
18.	pāreō	pāruī	–	pārēre	gehorchen; befolgen
	ap|pāreō	appāruī	–	appārēre	erscheinen, sich zeigen; offensichtlich sein

19.	pateō	patuī	–	patēre	offenstehen; klar sein; sich erstrecken
20.	placeō	placuī	placitum	placēre	gefallen; Spaß machen
21.	studeō	studuī	–	studēre (*m. Dat.*)	sich bemühen (*um*); wollen; sich bilden
22.	taceō	tacuī	–	tacēre	schweigen, still sein
23.	teneō	tenuī	–	tenēre	(zurück)halten; sich erinnern
	abs|tineō	abstinuī	–	(sē) abstinēre	sich enthalten
	con|tineō	continuī	–	(sē) continēre	halten, festhalten; enthalten; (sich aufhalten)
	ob|tineō	obtinuī	–	obtinēre	erlangen; behaupten
	re|tineō	retinuī	retentum	retinēre	behalten, festhalten, zurückhalten
	sus|tineō	sustinuī	–	sustinēre	aushalten, ertragen
24.	terreō	terruī	territum	terrēre	(*jmdn.*) erschrecken
	per|terreō	perterruī	perterritum	perterrēre	einschüchtern; heftig erschrecken
25.	timeō	timuī	–	timēre	(sich) fürchten, Angst haben (vor)
26.	valeō	valuī	–	valēre	gesund sein; Einfluss haben

Unpersönliche Ausdrücke

27.	appāret	appāruit	–	appārēre	es ist offensichtlich
28.	decet	decuit	–	decēre (*m. Akk.*)	(etw.) ist angemessen (*für*), passt (*zu*); (etw.) schickt sich (*für*)
29.	licet	licuit	–	licēre (*m. Dat.*)	es ist möglich; es ist erlaubt, (*jmd.*) darf
30.	oportet	oportuit	–	oportēre	es ist nötig, es gehört sich; man darf

Perfekt-Bildung mit -s-

31.	ārdeō	ārsī	–	ārdēre	(ver)brennen; entbrannt sein
32.	augeō	auxī	auctum	augēre	vergrößern, vermehren
33.	fulgeō	fulsī	–	fulgēre	glänzen, leuchten
34.	iubeō	iussī	iussum	iubēre (*m. Akk.*)	(*jmdm.*) befehlen, (*jmdn.*) beauftragen
35.	maneō	mānsī	–	manēre	bleiben; erwarten
36.	rīdeō	rīsī	rīsum	rīdēre	lachen
	ir|rīdeō	irrīsī	irrīsum	irrīdēre	verspotten
37.	suādeō	suāsī	suāsum	suādēre	raten, zureden
	per|suādeō	persuāsī	persuāsum	persuādēre (*m. Dat.*)	(*m. AcI*) (*jmdn.*) überzeugen; (*m.* ut *m. Konj.*) (*jmdn.*) überreden

Perfekt-Bildung durch Dehnung

38.	caveō	cāvī	cautum	cavēre (*m. Akk.*)	sich hüten (*vor*); Acht geben (*auf*)
39.	faveō	fāvī	fautum	favēre (*m. Dat.*)	gewogen sein; (*jmdn.*) begünstigen
40.	moveō	mōvī	mōtum	movēre	bewegen; beeinflussen
	com|moveō	commōvī	commōtum	commovēre	erregen; bewegen, veranlassen
	per|moveō	permōvī	permōtum	permovēre	beunruhigen; veranlassen
41.	sedeō	sēdī	sessum	sedēre	(da)sitzen
	ob|sideō	obsēdī	obsessum	obsidēre	belagern; bedrängen
42.	videō	vīdī	vīsum	vidēre	sehen

Perfekt-Bildung durch Reduplikation

43.	(pendeō	pependī	–	pendēre	hängen)
	im|pendeō	–	–	impendēre	hängen über; drohen
44.	(spondeō	spopondī	spōnsum	spondēre	geloben)
	re|spondeō	respondī	respōnsum	respondēre	antworten, entgegnen

1.3.3 ī-Konjugation (langvokalisch)

T34

Perfekt-Bildung mit -v-

<table>
<tr><td>1.</td><td>audiō</td><td>audīvī</td><td>audītum</td><td>audīre</td><td>(an-, er-, zu)hören</td></tr>
<tr><td>2.</td><td>custōdiō</td><td>custōdīvī</td><td>custōdītum</td><td>custōdīre</td><td>bewachen</td></tr>
<tr><td>3.</td><td>dormiō</td><td>dormīvī</td><td>–</td><td>dormīre</td><td>schlafen</td></tr>
<tr><td>4.</td><td>fīniō</td><td>fīnīvī</td><td>fīnītum</td><td>fīnīre</td><td>(be)enden</td></tr>
<tr><td>5.</td><td>mūniō</td><td>mūnīvī</td><td>mūnītum</td><td>mūnīre</td><td>befestigen</td></tr>
<tr><td>6.</td><td>saeviō</td><td>–</td><td>saevītum</td><td>saevīre</td><td>wüten, toben</td></tr>
<tr><td>7.</td><td>sciō</td><td>scīvī</td><td>scītum</td><td>scīre</td><td>wissen, verstehen</td></tr>
<tr><td></td><td>ne|sciō</td><td>nescīvī</td><td>–</td><td>nescīre</td><td>nicht wissen, nicht verstehen</td></tr>
<tr><td>8.</td><td>servīo</td><td>–</td><td>–</td><td>servīre</td><td>Sklave sein, dienen</td></tr>
</table>

Perfekt-Bildung mit -u-

<table>
<tr><td>9.</td><td>aperiō</td><td>aperuī</td><td>apertum</td><td>aperīre</td><td>öffnen; aufdecken</td></tr>
</table>

Perfekt-Bildung mit -s-

<table>
<tr><td>10.</td><td>sentiō</td><td>sēnsī</td><td>sēnsum</td><td>sentīre</td><td>fühlen; merken; meinen</td></tr>
<tr><td></td><td>cōn|sentiō</td><td>cōnsēnsī</td><td>cōnsēnsum</td><td>cōnsentīre</td><td>übereinstimmen</td></tr>
</table>

Perfekt-Bildung durch Dehnung

<table>
<tr><td>11.</td><td>veniō</td><td>vēnī</td><td>ventum</td><td>venīre</td><td>kommen</td></tr>
<tr><td></td><td>ad|veniō</td><td>advēnī</td><td>adventum</td><td>advenīre</td><td>ankommen</td></tr>
<tr><td></td><td>circum|veniō</td><td>circumvēnī</td><td>circumventum</td><td>circumvenīre</td><td>umzingeln, umringen</td></tr>
<tr><td></td><td>con|veniō</td><td>convēnī</td><td>conventum</td><td>convenīre</td><td>zusammenkommen; -passen; (m. Akk.) treffen</td></tr>
<tr><td></td><td>in|veniō</td><td>invēnī</td><td>inventum</td><td>invenīre</td><td>(er)finden</td></tr>
<tr><td></td><td>per|veniō</td><td>pervēnī</td><td>perventum</td><td>pervenīre</td><td>hinkommen, ankommen; (hin)gelangen</td></tr>
</table>

Perfekt-Bildung durch Reduplikation

<table>
<tr><td>12.</td><td>com|periō</td><td>cómperī</td><td>compertum</td><td>comperīre</td><td>erfahren, in Erfahrung bringen</td></tr>
<tr><td></td><td>re|periō</td><td>répperī</td><td>repertum</td><td>reperīre</td><td>finden, wieder finden</td></tr>
</table>

1.3.4 Konsonantische Konjugation

T35

Perfekt-Bildung mit -v-

<table>
<tr><td>1.</td><td>arcessō</td><td>arcessīvī</td><td>arcessītum</td><td>arcessere</td><td>herbeirufen, holen</td></tr>
<tr><td>2.</td><td>crēscō</td><td>crēvī</td><td>–</td><td>crēscere</td><td>wachsen, zunehmen</td></tr>
<tr><td>3.</td><td>(nōscō</td><td>nōvī</td><td>nōtum</td><td>nōscere</td><td>kennen lernen)</td></tr>
<tr><td></td><td>cōg|nōscō</td><td>cōgnōvī</td><td>cōgnitum</td><td>cōgnōscere</td><td>erfahren; erkennen; kennen lernen</td></tr>
<tr><td></td><td>īg|nōscō</td><td>īgnōvī</td><td>īgnōtum</td><td>īgnōscere</td><td>verzeihen</td></tr>
<tr><td>4.</td><td>petō</td><td>petīvī</td><td>petītum</td><td>petere</td><td>bitten, verlangen; angreifen; aufsuchen; gehen/fahren nach</td></tr>
<tr><td></td><td>re|petō</td><td>repetīvī</td><td>repetītum</td><td>repetere</td><td>wiederholen; zurückverlangen</td></tr>
<tr><td>5.</td><td>quaerō</td><td>quaesīvī</td><td>quaesītum</td><td>quaerere</td><td>suchen; erwerben; fragen</td></tr>
<tr><td>6.</td><td>quiēscō</td><td>quiēvī</td><td>–</td><td>quiēscere</td><td>(aus)ruhen; schlafen</td></tr>
<tr><td>7.</td><td>sinō</td><td>sīvī</td><td>situm</td><td>sinere</td><td>(zu)lassen, erlauben</td></tr>
<tr><td></td><td>dē|sinō</td><td>dēsiī</td><td>dēsitum</td><td>dēsinere</td><td>aufhören</td></tr>
</table>

Perfekt-Bildung mit -u-

8.	alō	aluī	altum	alere	ernähren; großziehen
9.	colō	coluī	cultum	colere	pflegen; verehren; bebauen
10.	cōnsulō	cōnsuluī	cōnsultum	cōnsulere	(*m. Akk.*) um Rat fragen, befragen; (*m. Dat.*) sorgen für
11.	gignō	genuī	genitum	gignere	(er)zeugen, hervorbringen
12.	pōnō	posuī	positum	pōnere	setzen; stellen; legen
	com|pōnō	composuī	compositum	compōnere	zusammenstellen, ordnen; verfassen; vergleichen
	dē|pōnō	dēposuī	dēpositum	dēpōnere	niederlegen; aufgeben
	ex|pōnō	exposuī	expositum	expōnere	ausstellen; aussetzen; darlegen
	im|pōnō	imposuī	impositum	impōnere	setzen, stellen, legen (an, auf, in); bringen; auferlegen
	prō|pōnō	prōposuī	prōpositum	prōpōnere	in Aussicht stellen; vorschlagen
13.	(serō	seruī	sertum	serere	aneinanderreihen)
	dē|serō	dēseruī	dēsertum	dēserere	im Stich lassen, verlassen
	dis|serō	disseruī	dissertum	disserere	sprechen über, erörtern

Perfekt-Bildung mit -s-

14.	cēdō	cessī	cessum	cēdere	(weg)gehen; nachgeben; überlassen
	ac|cēdō	accessī	accessum	accēdere	herantreten; hingehen
	con|cēdō	concessī	concessum	concēdere	erlauben, zugestehen, einräumen
	dē|cēdō	dēcessī	dēcessum	dēcēdere	weggehen, gehen (aus)
	dis|cēdō	discessī	discessum	discēdere	weggehen, verschwinden
	ex|cēdō	excessī	excessum	excēdere	hinausgehen, weggehen
	in|cēdō	incessī	incessum	incēdere	befallen; einhergehen
	prō|cēdō	prōcessī	prōcessum	prōcēdere	vorrücken, vorankommen
	suc|cēdō	successī	successum	succēdere	anrücken (gegen); (nach)folgen, nachrücken
15.	claudō	clausī	clausum	claudere	(ab-, ein)schließen
	in|clūdō	inclūsī	inclūsum	inclūdere	einschließen; versperren, unterbinden
16.	dīcō	dīxī	dictum	dīcere	sagen; sprechen; nennen
17.	dūcō	dūxī	ductum	dūcere	führen; ziehen; (*m. doppeltem Akk.*) halten für
	ab|dūcō	abdūxī	abductum	abdūcere	wegführen; (weg)bringen; verschleppen
	ad|dūcō	addūxī	adductum	addūcere	heranführen; veranlassen
	dē|dūcō	dēdūxī	dēductum	dēdūcere	abbringen; wegführen; hinführen
	in|dūcō	indūxī	inductum	indūcere	(hin)einführen; verleiten
	re|dūcō	redūxī	reductum	redūcere	zurückführen; zurückbringen
18.	fīgō	fīxī	fīxum	fīgere	(an)heften, befestigen; auf etw. richten
19.	fingō	fīnxī	fictum	fingere	formen, gestalten; erdichten, sich ausdenken
20.	fluō	flūxī	–	fluere	fließen, strömen
21.	gerō	gessī	gestum	(sē) gerere	(aus)führen; tragen; (sich benehmen)
22.	iungō	iūnxī	iūnctum	iungere	verbinden, vereinigen
	ad|iungō	adiūnxī	adiūnctum	adiungere	anschließen; hinzufügen
	con|iungō	coniūnxī	coniūnctum	coniungere	vereinigen, verbinden; (ver)knüpfen
	in|iungō	iniūnxī	iniūnctum	iniungere	auferlegen; einfügen, anfügen
23.	laedō	laesī	laesum	laedere	verletzen; kränken
24.	dī|ligō	dīlēxī	dīlēctum	dīligere	schätzen, lieben
25.	intel|legō	intellēxī	intellēctum	intellegere	verstehen; erkennen, einsehen
	neg|legō	neglēxī	neglēctum	neglegere	nicht (be)achten; vernachlässigen
26.	lūdō	lūsī	lūsum	lūdere	spielen, scherzen

<table>
<tr><td>27.</td><td>mittō</td><td>mīsī</td><td>missum</td><td>mittere</td><td>schicken; gehen lassen; werfen</td></tr>
<tr><td></td><td>ā|mittō</td><td>āmīsī</td><td>āmissum</td><td>āmittere</td><td>verlieren</td></tr>
<tr><td></td><td>com|mittō</td><td>commīsī</td><td>commissum</td><td>committere</td><td>veranstalten; zustande bringen; anvertrauen</td></tr>
<tr><td></td><td>dī|mittō</td><td>dīmīsī</td><td>dīmissum</td><td>dīmittere</td><td>entlassen, wegschicken; freilassen</td></tr>
<tr><td></td><td>o|mittō</td><td>omīsī</td><td>omissum</td><td>omittere</td><td>außer Acht lassen; unterlassen, aufgeben</td></tr>
<tr><td></td><td>praeter|mittō</td><td>praetermīsī</td><td>praetermissum</td><td>praetermittere</td><td>verstreichen lassen</td></tr>
<tr><td></td><td>prō|mittō</td><td>prōmīsī</td><td>prōmissum</td><td>prōmittere</td><td>versprechen</td></tr>
<tr><td></td><td>re|mittō</td><td>remīsī</td><td>remissum</td><td>remittere</td><td>zurückschicken; los-, nachlassen; verzeihen</td></tr>
<tr><td>28.</td><td>plaudō</td><td>plausī</td><td>plausum</td><td>plaudere</td><td>Beifall klatschen, applaudieren</td></tr>
<tr><td>29.</td><td>premō</td><td>pressī</td><td>pressum</td><td>premere</td><td>(unter)drücken; bedrängen</td></tr>
<tr><td></td><td>op|primō</td><td>oppressī</td><td>oppressum</td><td>opprimere</td><td>unterdrücken; überfallen, überwältigen</td></tr>
<tr><td>30.</td><td>regō</td><td>rēxī</td><td>rēctum</td><td>regere</td><td>(be)herrschen</td></tr>
<tr><td></td><td>per|gō</td><td>perrēxī</td><td>perrēctum</td><td>pergere</td><td>weitermachen, (etw.) weiter (tun)</td></tr>
<tr><td></td><td>por|rigō</td><td>porrēxī</td><td>porrēctum</td><td>porrigere</td><td>ausstrecken; ausbreiten, ausdehnen</td></tr>
<tr><td></td><td>su|rgō</td><td>surrēxī</td><td>surrēctum</td><td>surgere</td><td>aufstehen, sich erheben</td></tr>
<tr><td>31.</td><td>scrībō</td><td>scrīpsī</td><td>scrīptum</td><td>scrībere</td><td>schreiben, verfassen</td></tr>
<tr><td>32.</td><td>spargō</td><td>sparsī</td><td>sparsum</td><td>spargere</td><td>bespritzen; verbreiten</td></tr>
<tr><td>33.</td><td>ex|stinguō</td><td>exstīnxī</td><td>exstīnctum</td><td>exstinguere</td><td>auslöschen, vernichten</td></tr>
<tr><td>34.</td><td>stringō</td><td>strīnxī</td><td>strictum</td><td>stringere</td><td>ziehen; streifen</td></tr>
<tr><td>35.</td><td>(struō</td><td>strūxī</td><td>strūctum</td><td>struere</td><td>schichten, bauen)</td></tr>
<tr><td></td><td>ex|struō</td><td>exstrūxī</td><td>exstrūctum</td><td>exstruere</td><td>errichten, erbauen</td></tr>
<tr><td>36.</td><td>sūmō</td><td>sūmpsī</td><td>sūmptum</td><td>sūmere</td><td>nehmen</td></tr>
<tr><td></td><td>cōn|sūmō</td><td>cōnsūmpsī</td><td>cōnsūmptum</td><td>cōnsūmere</td><td>verbrauchen, verwenden; zubringen</td></tr>
<tr><td>37.</td><td>tegō</td><td>tēxī</td><td>tēctum</td><td>tegere</td><td>bedecken, schützen</td></tr>
<tr><td></td><td>prō|tegō</td><td>prōtēxī</td><td>prōtēctum</td><td>prōtegere</td><td>schützen</td></tr>
<tr><td>38.</td><td>con|temnō</td><td>contempsī</td><td>contemptum</td><td>contemnere</td><td>verachten</td></tr>
<tr><td>39.</td><td>trahō</td><td>trāxī</td><td>tractum</td><td>trahere</td><td>ziehen; schleppen</td></tr>
<tr><td>40.</td><td>(vādō</td><td>–</td><td>–</td><td>vādere</td><td>gehen, schreiten)</td></tr>
<tr><td></td><td>ē|vādō</td><td>ēvāsī</td><td>–</td><td>ēvādere (m. Akk./ex)</td><td>entkommen, entgehen</td></tr>
<tr><td></td><td>in|vādō</td><td>invāsī</td><td>invāsum</td><td>invādere</td><td>eindringen, angreifen</td></tr>
<tr><td>41.</td><td>vehō</td><td>vēxī</td><td>vectum</td><td>vehere</td><td>fahren; tragen; ziehen</td></tr>
<tr><td>42.</td><td>vīvō</td><td>vīxī</td><td>–</td><td>vīvere</td><td>leben</td></tr>
</table>

Perfekt-Bildung durch Dehnung

<table>
<tr><td>43.</td><td>agō</td><td>ēgī</td><td>āctum</td><td>agere</td><td>tun; handeln; aufführen; (m. Adv. und cum) umgehen (m. jmdm.)</td></tr>
<tr><td></td><td>cō|gō</td><td>coēgī</td><td>coāctum</td><td>cōgere</td><td>sammeln; zwingen</td></tr>
<tr><td></td><td>ex|igō</td><td>exēgī</td><td>exāctum</td><td>exigere</td><td>(ein)fordern, verlangen; vollenden</td></tr>
<tr><td>44.</td><td>cōnsīdō</td><td>cōnsēdī</td><td>–</td><td>cōnsīdere</td><td>sich setzen, sich niederlassen</td></tr>
<tr><td>45.</td><td>emō</td><td>ēmī</td><td>ēmptum</td><td>emere</td><td>kaufen</td></tr>
<tr><td>46.</td><td>frangō</td><td>frēgī</td><td>frāctum</td><td>frangere</td><td>(zer)brechen</td></tr>
<tr><td>47.</td><td>fundō</td><td>fūdī</td><td>fūsum</td><td>fundere</td><td>(aus)gießen; befeuchten</td></tr>
<tr><td>48.</td><td>legō</td><td>lēgī</td><td>lēctum</td><td>legere</td><td>lesen; sammeln; auswählen</td></tr>
<tr><td>49.</td><td>relinquō</td><td>relīquī</td><td>relictum</td><td>relinquere</td><td>zurücklassen, verlassen</td></tr>
<tr><td>50.</td><td>rumpō</td><td>rūpī</td><td>ruptum</td><td>rumpere</td><td>(zer)brechen</td></tr>
<tr><td></td><td>cor|rumpō</td><td>corrūpī</td><td>corruptum</td><td>corrumpere</td><td>bestechen; verderben</td></tr>
<tr><td></td><td>ē|rumpō</td><td>ērūpī</td><td>ēruptum</td><td>ērumpere</td><td>ausbrechen, hervorbrechen</td></tr>
<tr><td></td><td>inter|rumpō</td><td>interrūpī</td><td>interruptum</td><td>interrumpere</td><td>unterbrechen</td></tr>
<tr><td>51.</td><td>vincō</td><td>vīcī</td><td>victum</td><td>vincere</td><td>(be)siegen; übertreffen</td></tr>
</table>

Perfekt-Bildung durch Reduplikation

<table>
<tr><td>52. cadō</td><td>cécidī</td><td>–</td><td>cadere</td><td>fallen, sinken</td></tr>
<tr><td>ác|cidit</td><td>áccidit</td><td>–</td><td>accidere</td><td>sich ereignen, zustoßen</td></tr>
<tr><td>óc|cidō</td><td>óccidī</td><td>–</td><td>occidere</td><td>untergehen; umkommen</td></tr>
<tr><td>53. caedō</td><td>cecīdī</td><td>caesum</td><td>caedere</td><td>niederschlagen; töten</td></tr>
<tr><td>oc|cīdō</td><td>occīdī</td><td>occīsum</td><td>occīdere</td><td>niederschlagen; töten</td></tr>
<tr><td>54. canō</td><td>cecinī</td><td>cantātum</td><td>canere</td><td>(be)singen</td></tr>
<tr><td>55. currō</td><td>cucurrī</td><td>cursum</td><td>currere</td><td>laufen; eilen</td></tr>
<tr><td>ac|currō</td><td>accurrī</td><td>accursum</td><td>accurrere</td><td>herbeilaufen, angelaufen kommen</td></tr>
<tr><td>con|currō</td><td>concurrī</td><td>concursum</td><td>concurrere</td><td>zusammenlaufen, zusammentreffen, zusammenstoßen</td></tr>
<tr><td>oc|currō</td><td>occurrī</td><td>occursum</td><td>occurrere</td><td>entgegenkommen, begegnen</td></tr>
<tr><td>56. (dō</td><td>dedī</td><td>datum</td><td>dare</td><td>[von sich] geben; gestatten)</td></tr>
<tr><td>ad|dō</td><td>addidī</td><td>additum</td><td>addere</td><td>hinzufügen</td></tr>
<tr><td>con|dō</td><td>condidī</td><td>conditum</td><td>condere</td><td>gründen; aufbewahren; bestatten</td></tr>
<tr><td>crēdō</td><td>crēdidī</td><td>crēditum</td><td>crēdere</td><td>glauben; (an)vertrauen</td></tr>
<tr><td>dē|dō</td><td>dēdidī</td><td>dēditum</td><td>dēdere</td><td>ausliefern, übergeben</td></tr>
<tr><td>ē|dō</td><td>ēdidī</td><td>ēditum</td><td>ēdere</td><td>verkünden; herausgeben</td></tr>
<tr><td>per|dō</td><td>perdidī</td><td>perditum</td><td>perdere</td><td>vernichten; verlieren</td></tr>
<tr><td>red|dō</td><td>reddidī</td><td>redditum</td><td>reddere</td><td>zurückgeben; machen zu</td></tr>
<tr><td>trā|dō</td><td>trādidī</td><td>trāditum</td><td>trādere</td><td>übergeben, überliefern</td></tr>
<tr><td>vendō</td><td>vendidī</td><td>venditum</td><td>vendere</td><td>verkaufen</td></tr>
<tr><td>57. discō</td><td>dídicī</td><td>–</td><td>discere</td><td>lernen; in Erfahrung bringen</td></tr>
<tr><td>58. fallō</td><td>fefellī</td><td>–</td><td>fallere</td><td>täuschen, betrügen</td></tr>
<tr><td>59. parcō</td><td>peperci</td><td>–</td><td>parcere (m. Dat.)</td><td>(jmdn.) schonen</td></tr>
<tr><td>60. pellō</td><td>pépulī</td><td>pulsum</td><td>pellere</td><td>schlagen, stoßen; vertreiben</td></tr>
<tr><td>ap|pellō</td><td>áppulī</td><td>appulsum</td><td>appellere</td><td>herantreiben, heranbringen; Pass. landen</td></tr>
<tr><td>im|pellō</td><td>ímpulī</td><td>impulsum</td><td>impellere</td><td>(an)stoßen; veranlassen</td></tr>
<tr><td>re|pellō</td><td>réppulī</td><td>repulsum</td><td>repellere</td><td>zurückstoßen; vertreiben; abweisen</td></tr>
<tr><td>61. pōscō</td><td>poposcī</td><td>–</td><td>pōscere</td><td>fordern, verlangen</td></tr>
<tr><td>62. (stō</td><td>stetī</td><td>statum</td><td>stāre</td><td>[da]stehen)</td></tr>
<tr><td>cōn|sistō</td><td>cōnstitī</td><td>–</td><td>cōnsistere</td><td>stehen bleiben; sich hinstellen; bestehen (aus)</td></tr>
<tr><td>re|sistō</td><td>restitī</td><td>–</td><td>resistere</td><td>Widerstand leisten</td></tr>
<tr><td>63. tangō</td><td>tétigī</td><td>tāctum</td><td>tangere</td><td>berühren, anrühren</td></tr>
<tr><td>con|tingō</td><td>cóntigī</td><td>contāctum</td><td>contingere</td><td>gelingen; berühren</td></tr>
<tr><td>64. tendō</td><td>tetendī</td><td>tentum</td><td>tendere</td><td>(aus)strecken; spannen; sich anstrengen</td></tr>
<tr><td>con|tendō</td><td>contendī</td><td>contentum</td><td>contendere</td><td>sich anstrengen, eilen; kämpfen; behaupten</td></tr>
<tr><td>os|tendō</td><td>ostendī</td><td>–</td><td>ostendere</td><td>zeigen</td></tr>
<tr><td>65. tollō</td><td>sustulī</td><td>sublātum</td><td>tollere</td><td>hochheben; aufheben, beseitigen; vernichten</td></tr>
</table>

Perfekt-Bildung ohne Veränderung

66.	bibō	bibī	–	bibere	trinken
67.	ac|cendō	accendī	accēnsum	accendere	in Brand setzen; entflammen, aufregen
	in|cendō	incendī	incēnsum	incendere	anzünden; entflammen, in Aufregung versetzen
68.	dē|fendō	dēfendī	dēfēnsum	dēfendere	verteidigen; abwehren
	of|fendō	offendī	offēnsum	offendere	stoßen (auf); schlagen (an); beleidigen
69.	metuō	metuī	–	metuere	sich fürchten; befürchten
70.	minuō	minuī	minūtum	minuere	vermindern, verringern; schmälern
71.	(prehendō	prehendī	prehēnsum	prehendere	ergreifen, fassen)
	com|prehendō	comprehendī	comprehēnsum	comprehendere	ergreifen, festnehmen; begreifen
	dē|prehendō	dēprehendī	dēprehēnsum	dēprehendere	entdecken; ergreifen; überraschen
72.	ruō	ruī	–	ruere	(*auf jmdn.*) losstürzen, zustürmen
73.	a|scendō	ascendī	ascēnsum	ascendere	hinaufsteigen, -klettern
	dē|scendō	dēscendī	dēscēnsum	dēscendere	herabsteigen; hinuntergehen, herabkommen
74.	solvō	solvī	solūtum	solvere	(auf)lösen; bezahlen
75.	statuō	statuī	statūtum	statuere	beschließen, entscheiden; aufstellen; festsetzen
	cōn|stituō	cōnstituī	cōnstitūtum	cōnstituere	beschließen; festsetzen
	īn|stituō	īnstituī	īnstitūtum	īnstituere	beginnen; einrichten; unterrichten
	re|stituō	restituī	restitūtum	restituere	wiederherstellen
76.	tribuō	tribuī	tribūtum	tribuere	zuteilen; schenken; erweisen
77.	vertō	vertī	versum	vertere	wenden; drehen; verwandeln
	ā|vertō	āvertī	āversum	āvertere	abwenden; vertreiben
	animad|vertō	animadvertī	animadversum	animadvertere (in *m. Akk.*)	bemerken, entdecken; vorgehen (*gegen jmdn.*)
78.	volvō	volvī	volūtum	volvere	rollen, wälzen; überlegen

1.3.5 ĭ-Konjugation (kurzvokalisch)

T36

Perfekt-Bildung mit -v-

1.	cupiō	cupīvī	cupītum	cupere	wünschen, begehren, verlangen

Perfekt-Bildung mit -u-

2.	rapiō	rapuī	raptum	rapere	(an sich, weg)reißen; rauben
	cor|ripiō	corripuī	correptum	corripere	(an)packen; an sich reißen
	ē|ripiō	ēripuī	ēreptum	ēripere	entreißen

Perfekt-Bildung mit -s-

3.	a|spiciō	aspexī	aspectum	aspicere	anblicken, ansehen
	cōn|spiciō	cōnspexī	cōnspectum	cōnspicere	erblicken
	dē|spiciō	dēspexī	dēspectum	dēspicere	(*auf etw.*) herabblicken; verachten
	īn|spiciō	īnspexī	īnspectum	īnspicere (*m. Akk.*)	hineinschauen (*in etw.*)
	per|spiciō	perspexī	perspectum	perspicere	erkennen, genau sehen, durchschauen
	re|spiciō	respexī	respectum	respicere	denken an, berücksichtigen

Perfekt-Bildung durch Dehnung

4.	capiō	cēpī	captum	capere	(ein)nehmen, erobern; (er)fassen, (er)greifen
	ac|cipiō	accēpī	acceptum	accipere	annehmen, empfangen; aufnehmen
	dē|cipiō	dēcēpī	dēceptum	dēcipere	täuschen
	ex|cipiō	excēpī	exceptum	excipere	aufnehmen, -fangen; eine Ausnahme machen
	in|cipiō	coepī	coeptum/ inceptum	incipere	anfangen, beginnen
	re|cipiō	recēpī	receptum	(sē) recipere	aufnehmen; zurücknehmen; (sich zurückziehen)
	sus|cipiō	suscēpī	susceptum	suscipere	unternehmen; sich (*einer Sache*) annehmen; auf sich nehmen
5.	faciō	fēcī	factum	facere	machen
	af|ficiō	affēcī	affectum	afficere (*m. Abl.*)	versehen (*m. etw.*)
	cōn|ficiō	cōnfēcī	cōnfectum	cōnficere	beenden, erledigen
	dē|ficiō	dēfēcī	dēfectum	dēficere	verlassen; ausgehen
	ef|ficiō	effēcī	effectum	efficere	bewirken, erreichen
	inter|ficiō	interfēcī	interfectum	interficere	töten
	per|ficiō	perfēcī	perfectum	perficere	ausführen; vollenden
6.	ef|fodiō	effōdī	effossum	effodere	ausstechen; ausgraben
7.	fugiō	fūgī	–	fugere	fliehen
	ef|fugiō	effūgī	–	effugere	entfliehen; vermeiden
	pro|fugiō	profūgī	–	profugere	Zuflucht suchen, sich flüchten
8.	(iaciō	iēcī	iactum	iacere	werfen)
	prō|iciō	prōiēcī	prōiectum	prōicere	(nieder-, vor)werfen
	trā|iciō	trāiēcī	trāiectum	trāicere	hinüberbringen, *über*setzen

Perfekt-Bildung durch Reduplikation

9.	pariō	peperī	partum	parere	erwerben; gewinnen; hervorbringen

2 Deponens

2.1 Konjugation

Präsens, Imperfekt, Futur I

Die **Formen des Deponens** sind **identisch** mit denen des **Vollverbs im Passiv** (vgl. T26).

T37

		ā-Konjugation	ē-Konjugation	ī-Konjugation	Konsonantische Konjugation	ĭ-Konjugation (kurzvokalisch)
	Infinitiv	*(zu) versuchen* cōnā-rī	*(zu) fürchten* verē-rī	*(zu) planen* mōlī-rī	*(zu) folgen* sequ-ī	*(zu) dulden* pat-ī
				Indikativ		
Präsens	*ich versuche, …*	cōn-or	vere-or	mōli-or	sequ-or	patĭ-or
		cōnā-ris	verē-ris	mōlī-ris	séqu-eris	patĕ-ris
		cōnā-tur	verē-tur	mōlī-tur	séqu-*i*tur	patĭ-tur
		cōnā-mur	verē-mur	mōlī-mur	séqu-*i*mur	patĭ-mur
		cōnā-minī	verē-minī	mōlī-minī	sequ-*i*minī	patĭ-minī
		cōna-ntur	vere-ntur	mōli-*u*ntur	sequ-*u*ntur	patĭ-*u*ntur
				Konjunktiv		
		cōn**e**-r	vere-**a**r	mōli-**a**r	sequ-**a**r	patĭ-**a**r
		cōn**ē**-ris	vere-**ā**ris	mōli-**ā**ris	sequ-**ā**ris	patĭ-**ā**ris
		cōn**ē**-tur	vere-**ā**tur	mōli-**ā**tur	sequ-**ā**tur	patĭ-**ā**tur
		cōn**ē**-mur	vere-**ā**mur	mōli-**ā**mur	sequ-**ā**mur	patĭ-**ā**mur
		cōn**ē**-minī	vere-**ā**minī	mōli-**ā**minī	sequ-**ā**minī	patĭ-**ā**minī
		cōn**e**-ntur	vere-**a**ntur	mōli-**a**ntur	sequ-**a**ntur	patĭ-**a**ntur
				Indikativ		
Imperfekt	*ich versuchte, …*	cōnā-**ba**r	verē-**ba**r	mōli-ē**ba**r	sequ-ē**ba**r	patĭ-ē**ba**r
		cōnā-**bā**ris	verē-**bā**ris	mōli-ē**bā**ris	sequ-ē**bā**ris	patĭ-ē**bā**ris
		cōnā-**bā**tur	verē-**bā**tur	mōli-ē**bā**tur	sequ-ē**bā**tur	patĭ-ē**bā**tur
		cōnā-**bā**mur	verē-**bā**mur	mōli-ē**bā**mur	sequ-ē**bā**mur	patĭ-ē**bā**mur
		cōnā-**bā**minī	verē-**bā**minī	mōli-ē**bā**minī	sequ-ē**bā**minī	patĭ-ē**bā**minī
		cōnā-**ba**ntur	verē-**ba**ntur	mōli-ē**ba**ntur	sequ-ē**ba**ntur	patĭ-ē**ba**ntur
				Konjunktiv		
		cōnā-**re**r	verē-**re**r	mōlī-**re**r	sequ-*e*-**re**r	patĕ-**re**r
		cōnā-**rē**ris	verē-**rē**ris	mōli-**rē**ris	sequ-*e*-**rē**ris	patĕ-**rē**ris
		cōnā-**rē**tur	verē-**rē**tur	mōli-**rē**tur	sequ-*e*-**rē**tur	patĕ-**rē**tur
		cōnā-**rē**mur	verē-**rē**mur	mōli-**rē**mur	sequ-*e*-**rē**mur	patĕ-**rē**mur
		cōnā-**rē**minī	verē-**rē**minī	mōli-**rē**minī	sequ-*e*-**rē**minī	patĕ-**rē**minī
		cōnā-**re**ntur	verē-**re**ntur	mōlī-**re**ntur	sequ-*e*-**re**ntur	patĕ-**re**ntur
Futur I	*ich werde versuchen, …*	cōnā-**bo**r	verē-**bo**r	mōli-**a**r	sequ-**a**r	patĭ-**a**r
		cōnā-**be**ris	verē-**be**ris	mōli-**ē**ris	sequ-**ē**ris	patĭ-**ē**ris
		cōnā-**b***i*tur	verē-**b***i*tur	mōli-**ē**tur	sequ-**ē**tur	patĭ-**ē**tur
		cōnā-**b***i*mur	verē-**b***i*mur	mōli-**ē**mur	sequ-**ē**mur	patĭ-**ē**mur
		cōnā-**b***i*minī	verē-**b***i*minī	mōli-**ē**minī	sequ-**ē**minī	patĭ-**ē**minī
		cōnā-**b***u*ntur	verē-**b***u*ntur	mōli-**e**ntur	sequ-**e**ntur	patĭ-**e**ntur
	Imperativ					
	versuche!	cōnā-re!	verē-re!	mōlī-re!	sequ-*e*-re!	patĕ-re!
	versucht!	cōnā-minī!	verē-minī!	mōlī-minī!	sequ-*i*-minī!	patĭ-minī!

Perfekt, Plusquamperfekt, Futur II

Die **Formen des Deponens** sind **identisch** mit denen des **Vollverbs im Passiv** (vgl. T28).

T38

		ā-Konjugation	ē-Konjugation	ī-Konjugation	Konsonantische Konjugation	ĭ-Konjugation (kurzvokalisch)
	Infinitiv	*versucht (zu) haben* cōnātum, -am, -um esse	*gefürchtet (zu) haben* veritum, -am, -um esse	*geplant (zu) haben* mōlītum, -am, -um esse	*gefolgt (zu) sein* secūtum, -am, -um esse	*geduldet (zu) haben* passum, -am, -um esse
Perfekt		Indikativ				
	ich habe versucht, . . .	cōnātus, -a, -um sum es est	veritus, -a, -um sum es est	mōlītus, -a, -um sum es est	secūtus, -a, -um sum es est	passus, -a, -um sum es est
		cōnātī, -ae, -a sumus estis sunt	veritī, -ae, -a sumus estis sunt	mōlītī, -ae, -a sumus estis sunt	secūtī, -ae, -a sumus estis sunt	passī, -ae, -a sumus estis sunt
		Konjunktiv				
		cōnātus, -a, -um sim sīs sit	veritus, -a, -um sim sīs sit	mōlītus, -a, -um sim sīs sit	secūtus, -a, -um sim sīs sit	passus, -a, -um sim sīs sit
		cōnātī, -ae, -a sīmus sītis sint	veritī, -ae, -a sīmus sītis sint	mōlītī, -ae, -a sīmus sītis sint	secūtī, -ae, -a sīmus sītis sint	passī, -ae, -a sīmus sītis sint
Plusquamperfekt		Indikativ				
	ich hatte versucht, . . .	cōnātus, -a, -um eram erās erat	veritus, -a, -um eram erās erat	mōlītus, -a, -um eram erās erat	secūtus, -a, -um eram erās erat	passus, -a, -um eram erās erat
		cōnātī, -ae, -a erāmus erātis erant	veritī, -ae, -a erāmus erātis erant	mōlītī, -ae, -a erāmus erātis erant	secūtī, -ae, -a erāmus erātis erant	passī, -ae, -a erāmus erātis erant
		Konjunktiv				
		cōnātus, -a, -um essem essēs esset	veritus, -a, -um essem essēs esset	mōlītus, -a, -um essem essēs esset	secūtus, -a, -um essem essēs esset	passus, -a, -um essem essēs esset
		cōnātī, -ae, -a essēmus essētis essent	veritī, -ae, -a essēmus essētis essent	mōlītī, -ae, -a essēmus essētis essent	secūtī, -ae, -a essēmus essētis essent	passī, -ae, -a essēmus essētis essent
Futur II	*ich werde versucht haben, . . .*	cōnātus, -a, -um erō eris erit	veritus, -a, -um erō eris erit	mōlītus, -a, -um erō eris erit	secūtus, -a, -um erō eris erit	passus, -a, -um erō eris erit
		cōnātī, -ae, -a erimus eritis erunt	veritī, -ae, -a erimus eritis erunt	mōlītī, -ae, -a erimus eritis erunt	secūtī, -ae, -a erimus eritis erunt	passī, -ae, -a erimus eritis erunt

2.2 Nominalformen des Deponens

T39

Infinitiv	ā-Konjugation	ē-Konjugation	ī-Konjugation	Konsonantische Konjugation	ĭ-Konjugation (kurzvokalisch)
Präsens	cōnā-rī	verē-rī	mōlī-rī	sequ-ī	pat-ī
Perfekt	cōnā-t-um, -am, -um esse	veri-t-um, -am, -um esse	mōlī-t-um, -am, -um esse	secū-t-um, -am, -um esse	pas-s-um, -am, -um esse
Futur	cōnā-tūr-um, -am, -um esse	veri-tūr-um, -am, -um esse	mōlī-tūr-um, -am, -um esse	secū-tūr-um, -am, -um esse	pas-sūr-um, -am, -um esse
Partizip					
Präsens	cōnā-ns, -ntis	verē-ns, -ntis	mōli-ē-ns, -ntis	sequ-ē-ns, -ntis	pati-ē-ns, -ntis
Perfekt	cōnā-t-us, -a, -um	veri-t-us, -a, -um	mōlī-t-us, -a, -um	secū-t-us, -a, -um	pas-s-us, -a, -um
Futur	cōnā-tūr-us, -a, -um	veri-tūr-us, -a, -um	mōlī-tūr-us, -a, -um	secū-tūr-us, -a, -um	pas-sūr-us, -a, -um
Gerundium	cōna-ndī *usw.*	vere-ndī *usw.*	mōli-e-ndī *usw.*	sequ-e-ndī *usw.*	pati-e-ndī *usw.*
Gerundivum	cōna-ndus, -a, -um	vere-ndus, -a, -um	mōli-e-ndus, -a, -um	sequ-e-ndus, -a, -um	pati-e-ndus, -a, -um

2.3 Stammformen

T40

2.3.1 Deponens

ā-Konjugation

1.	cōnor	cōnātus sum	cōnārī	versuchen

In gleicher Weise werden die Stammformen der anderen Deponentien der ā-Konjugation gebildet.

ē-Konjugation

1.	fateor	fassus sum	fatērī	gestehen, bekennen
2.	polliceor	pollicitus sum	pollicērī	versprechen
3.	reor	ratus sum	rērī	meinen
4.	vereor	veritus sum	verērī	fürchten; verehren
5.	vidētur/videntur (*m. Inf.*)	–	–	er, sie, es scheint/sie scheinen (*etw. zu tun*)

ī-Konjugation (langvokalisch)

1.	mōlior	mōlītus sum	mōlīrī	errichten, bauen; planen, unternehmen
2.	orior	ortus sum	orīrī	entstehen; sich erheben
3.	ex|perior	expertus sum	experīrī	erfahren; erleiden; versuchen, erproben
4.	potior	potītus sum	potīrī (*m. Abl.*)	(*etw.*) in seine Gewalt bringen, sich (*einer Sache*) bemächtigen

Konsonantische Konjugation

1.	pro|ficīscor	profectus sum	proficīscī	aufbrechen, (ab)reisen; abstammen
2.	fruor	–	fruī (*m. Abl.*)	(*etw.*) genießen, sich (*an etw.*) erfreuen
3.	īrāscor	–	īrāscī (*m. Dat.*)	zornig sein (*auf jmdn.*); in Zorn geraten
4.	loquor	locūtus sum	loquī	reden, sprechen

5.	com|plector	complexus sum	complectī	umarmen; umfassen, erfassen
6.	sequor	secūtus sum	sequī (*m. Akk.*)	*(jmdm.)* folgen
	cōn|sequor	cōnsecūtus sum	cōnsequī	erreichen; nachfolgen
	per|sequor	persecūtus sum	persequī	verfolgen
7.	ulcīscor	ultus sum	ulcīscī (*m. Akk.*)	(*etw./jmdn.*) rächen; sich rächen (*an jmdm.*)
8.	ūtor	ūsus sum	ūtī (*m. Abl.*)	(*etw.*) benutzen, gebrauchen

ĭ-Konjugation (kurzvokalisch)

1.	ag|gredior	aggressus sum	aggredī	(*an jmdn.*) herantreten; angreifen, überfallen
	ē|gredior	ēgressus sum	ēgredī	hinausgehen, verlassen
	trāns|gredior	trānsgressus sum	trānsgredī	hinübergehen; überschreiten
2.	morior	mortuus sum	morī	sterben
3.	patior	passus sum	patī	(er)leiden, ertragen; zulassen, geschehen lassen

2.3.2 Semideponens

T41

ē-Konjugation

1.	audeō	ausus sum	audēre	wagen
2.	gaudeō	gāvīsus sum	gaudēre	sich freuen
3.	soleō	solitus sum	solēre	gewohnt sein, (*etw.*) normalerweise (*tun*), (*etw. zu tun*) pflegen

Konsonantische Konjugation

1.	cōnfīdō	cōnfīsus sum	cōnfīdere	vertrauen
2.	revertor	revertī (reversus)	revertī	zurückkehren

3 Sonderkonjugationen

3.1 ESSE *(sein)*, POSSE *(können)*

T42

	ESSE			POSSE		
	Präsens	Imperfekt	Futur I	Präsens	Imperfekt	Futur I
Indikativ	sum	eram	erō	possum	poteram	poterō
	es	erās	eris	potes	poterās	poteris
	est	erat	erit	potest	poterat	poterit
	sumus	erāmus	erimus	possumus	poterāmus	poterimus
	estis	erātis	eritis	potestis	poterātis	poteritis
	sunt	erant	erunt	possunt	poterant	poterunt
Konjunktiv	sim	essem		possim	possem	
	sīs	essēs		possīs	possēs	
	sit	esset		possit	posset	
	sīmus	essēmus		possīmus	possēmus	
	sītis	essētis		possītis	possētis	
	sint	essent		possint	possent	
	Imperativ	Sg. es!	Pl. este!			
	Partizip Futur	futūrus, -a, -um				

Perfekt	Perfekt
fu-ī	potu-ī

Komposita von ESSE

T43

ab|sum	āfuī	abesse	abwesend sein, fehlen; entfernt sein
ad|sum	adfuī/affuī	adesse	anwesend sein, da sein; (*m. Dat.*) helfen
dē|sum	dēfuī	dēesse	fehlen
īn|sum	īnfuī	inesse	enthalten sein; vorhanden sein
inter|sum	interfuī	interesse (*m. Dat.*)	teilnehmen (*an etw.*)
prae|sum	praefuī	praeesse (*m. Dat.*)	an der Spitze (*von etw.*) stehen, (*etw.*) leiten
▴prō|sum	prōfuī	prōdesse	nützen

3.2 ĪRE *(gehen)* T44

IRE

	Präsens	Imperfekt	Futur I
Indikativ	eō	ībam	ībō
	īs	ībās	īb*i*s
	it	ībat	īb*i*t
	īmus	ībāmus	īb*i*mus
	ītis	ībātis	īb*i*tis
	e*u*nt	ībant	īb*u*nt
Konjunktiv	eam	īrem	
	eās	īrēs	
	eat	īret	
	eāmus	īrēmus	
	eātis	īrētis	
	eant	īrent	

Imperativ	Sg. ī!	Pl. īte!
Partizip Präsens	iēns, e*u*ntis	
Partizip Futur	itūrus, -a, -um	
Gerundium	e*u*ndī *usw.*	
Gerundivum	e*u*ndum (est)	

Perfekt

i-ī

Komposita von ĪRE T45

ab|eō	abiī	abitum	abīre	(weg)gehen
ad|eō	adiī	aditum	adīre	hingehen; herantreten; ansprechen
ex|eō	exiī	–	exīre	hinausgehen
in|eō	iniī	initum	inīre	(hin)eingehen; beginnen
inter|eō	interiī	–	interīre	zugrunde gehen, untergehen; (ver)schwinden
per|eō	periī	–	perīre	zugrunde gehen, umkommen
praeter|eō	praeteriī	praeteritum	praeterīre	vorbeigehen, vergehen
red|eō	rediī	reditum	redīre	zurückgehen, zurückkehren
sub|eō	subiī	subitum	subīre	auf sich nehmen, herangehen
trāns|eō	trānsiī	trānsitum	trānsīre	hinübergehen, herüberkommen; überschreiten

3.3 VELLE (*wollen*), NŌLLE (*nicht wollen*), ▲MĀLLE (*lieber wollen*) T46

VELLE

	Präsens	Imperfekt	Futur I
Indikativ	volō	volēbam	volam
	vīs	volēbās	volēs
	vult	volēbat	volet
	vol*u*mus	volēbāmus	volēmus
	vultis	volēbātis	volētis
	vol*u*nt	volēbant	volent
Konjunktiv	velim	vellem	
	velīs	vellēs	
	velit	vellet	
	velīmus	vellēmus	
	velītis	vellētis	
	velint	vellent	
PPA	vol*ē*ns, volentis		
Imp.	–		

Perfekt

volu-ī

NŌLLE

	Präsens	Imperfekt	Futur I
Indikativ	nōlō	nōlēbam	nōlam
	nōn vīs	nōlēbās	nōlēs
	nōn vult	nōlēbat	nōlet
	nōl*u*mus	nōlēbāmus	nōlēmus
	nōn vultis	nōlēbātis	nōlētis
	nōl*u*nt	nōlēbant	nōlent
Konjunktiv	nōlim	nōllem	
	nōlīs	nōllēs	
	nōlit	nōllet	
	nōlīmus	nōllēmus	
	nōlītis	nōllētis	
	nōlint	nōllent	
PPA	nōl*ē*ns, nōlentis		
Imp.	Sg. nōlī! Pl. nōlīte!		

Perfekt

nōlu-ī

▲MĀLLE

	Präsens	Imperfekt	Futur I
Indikativ	mālō	mālēbam	mālam
	māvīs	mālēbās	mālēs
	māvult	mālēbat	mālet
	māl*u*mus	mālēbāmus	mālēmus
	māvultis	mālēbātis	mālētis
	māl*u*nt	mālēbant	mālent
Konjunktiv	mālim	māllem	
	mālīs	māllēs	
	mālit	māllet	
	mālīmus	māllēmus	
	mālītis	māllētis	
	mālint	māllent	
PPA	māl*ē*ns, mālentis		
Imp.	–		

Perfekt

mālu-ī

3.4 FERRE (*tragen, bringen*) T47

AKTIV **FERRE**

	Präsens	Imperfekt	Futur I
Indikativ	ferō	ferēbam	feram
	fers	ferēbās	ferēs
	fert	ferēbat	feret
	fer*i*mus	ferēbāmus	ferēmus
	fertis	ferēbātis	ferētis
	fer*u*nt	ferēbant	ferent
Konjunktiv	feram	ferrem	
	ferās	ferrēs	
	ferat	ferret	
	ferāmus	ferrēmus	
	ferātis	ferrētis	
	ferant	ferrent	
Imperativ	Sg. fer!	Pl. ferte!	

PASSIV **FERRI**

	Präsens	Imperfekt	Futur I
Indikativ	feror	ferēbar	ferar
	ferris	ferēbāris	ferēris
	fertur	ferēbātur	ferētur
	fer*i*mur	ferēbāmur	ferēmur
	fer*i*minī	ferēbāminī	ferēminī
	fer*u*ntur	ferēbantur	ferentur
Konjunktiv	ferar	ferrer	
	ferāris	ferrēris	
	ferātur	ferrētur	
	ferāmur	ferrēmur	
	ferāminī	ferrēminī	
	ferantur	ferrentur	

Perfekt (Aktiv)

tul-ī

Perfekt (Passiv)

lā-t-us, -a, -um sum

3.4.1 Nominalformen von FERRE

T48

Infinitiv	AKTIV	PASSIV	Partizip	AKTIV	PASSIV
Präsens	fer-re	fer-rī	Präsens	fer-*e*-ns, -ntis	–
Perfekt	tul-isse	lā-t-um, -am, -um esse	Perfekt	–	lā-t-us, -a, -um
Futur	lā-tūr-um, -am, -um esse	–	Futur	lā-tūr-us, -a, -um	–
Gerundium	fer-*e*-ndī *usw.*				
Gerundivum		fer-*e*-ndus, -a, -um			

3.4.2 Komposita von FERRE

T49

af|ferō	attulī	allātum	afferre	(herbei)bringen; melden
cōn|ferō	contulī	collātum	(sē) cōnferre	zusammentragen, -bringen; -fassen; (sich begeben)
dif|ferō	distulī	dīlātum	differre	aufschieben, verschieben; sich unterscheiden
ef|ferō	extulī	ēlātum	efferre	heraustragen; herausheben; hervorbringen
īn|ferō	intulī	illātum	īnferre	hineintragen; hinzufügen
of|ferō	obtulī	oblātum	offerre	entgegenbringen; anbieten
per|ferō	pertulī	perlātum	perferre	ertragen; (über)bringen
prae|ferō	praetulī	praelātum	▲praeferre	vorziehen
re|ferō	rettulī	relātum	referre	(zurück)bringen; berichten
(tollō)	sústulī	sublātum	(tollere)	hochheben; aufheben, beseitigen; vernichten

3.5 FIERĪ *(werden)*

T50

	FIERI		
	Präsens	Imperfekt	Futur I
Indikativ	fīō	fīēbam	fīam
	fīs	fīēbās	fīēs
	fit	fīēbat	fīet
	fīmus	fīēbāmus	fīēmus
	fītis	fīēbātis	fīētis
	fīunt	fīēbant	fīent
Konjunktiv	fīam	fierem	
	fīās	fierēs	
	fīat	fieret	
	fīāmus	fierēmus	
	fīātis	fierētis	
	fīant	fierent	
	Imperativ	Sg. fī!	Pl. fīte!

Perfekt

fa-c-**tus, -a, -um** sum

SATZLEHRE

A Der Aufbau des Satzes

1 Satzmodell

Durch die Verbindung von Wörtern unterschiedlicher Art (Substantiv, Adjektiv, Verb, Adverb, Präposition) werden **Sätze** gebildet. Jeder Satz wird von einem **Baugerüst** getragen, das im Prinzip immer das gleiche ist. Es besteht aus fünf Bauteilen: **Prädikat, Subjekt, Objekt, Adverbiale, Attribut.** Man nennt diese Bauteile **Satzglieder**.

Das Baugerüst des Satzes lässt sich in einem ***Satzmodell*** darstellen:

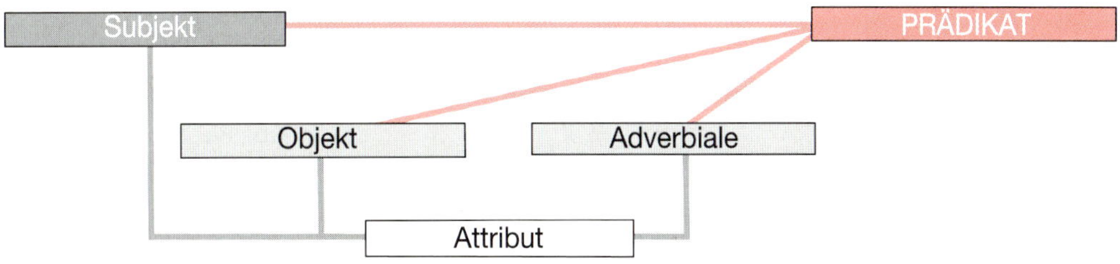

Das Zentrum des Satzes stellt das **Prädikat** dar. Es ist der **Satzkern**, von dem her die anderen Satzglieder – mit Ausnahme des Attributs – ihre Funktion erhalten. Das Verb, das das Prädikat bildet, erfordert oder ermöglicht entsprechend seiner Bedeutung bestimmte weitere Satzglieder, in erster Linie das Subjekt und das Objekt, oft auch das Adverbiale. Das Attribut stellt nur einen möglichen Zusatz, eine „Beifügung" zum Subjekt, Objekt oder Adverbiale dar.

Ein Beispielsatz – im Satzmodell dargestellt:

Flāvia pulchra Mārcum et Tulliam amīcōs in thermās Caracallae dūcit.

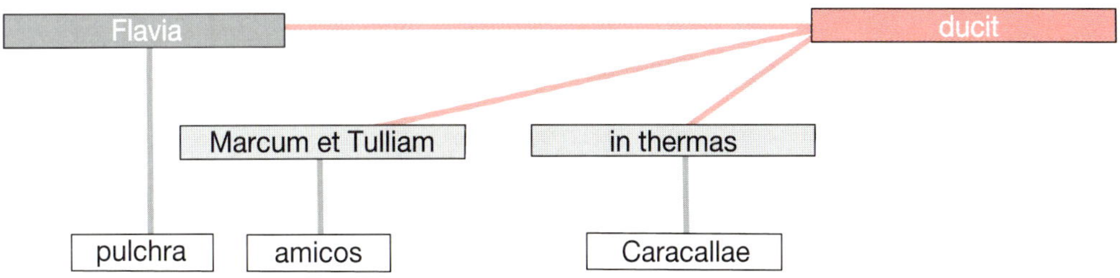

Die schöne Flavia führt Marcus und Tullia, ihre Freunde, in die Thermen Caracallas.

Die fünf Bauteile des Satzes (Satzglieder) können in sehr unterschiedlicher Weise gestaltet sein. Dadurch ergibt sich eine große Vielfalt möglicher „Satzbauten". Im Lateinischen ist diese Vielfalt wegen der **freieren Wortstellung** noch größer als im Deutschen.

Daher empfiehlt es sich, die **Analyse und Übersetzung** eines Satzes **vom Prädikat aus**, das in der Regel am Ende steht, zu beginnen (vgl. dazu die Darstellung verschiedener Übersetzungsmethoden S. 61 f.).

2 Satzglieder im Satzmodell

Die fünf „Bauteile“ des „Satzgerüstes“ können mit verschiedenen Elementen „gefüllt“ sein. Solche Elemente können einzelne Wörter (z. B. Nomen, Adverb), Wortverbindungen (z. B. Substantiv mit Adjektiv, präpositionale Verbindung), Gliedsätze oder satzwertige Konstruktionen (z. B. AcI, Abl. abs.) sein.

Im folgenden Satzmodell werden alle möglichen „**Füllungsarten**“ der **Satzbauteile** aufgezeigt.

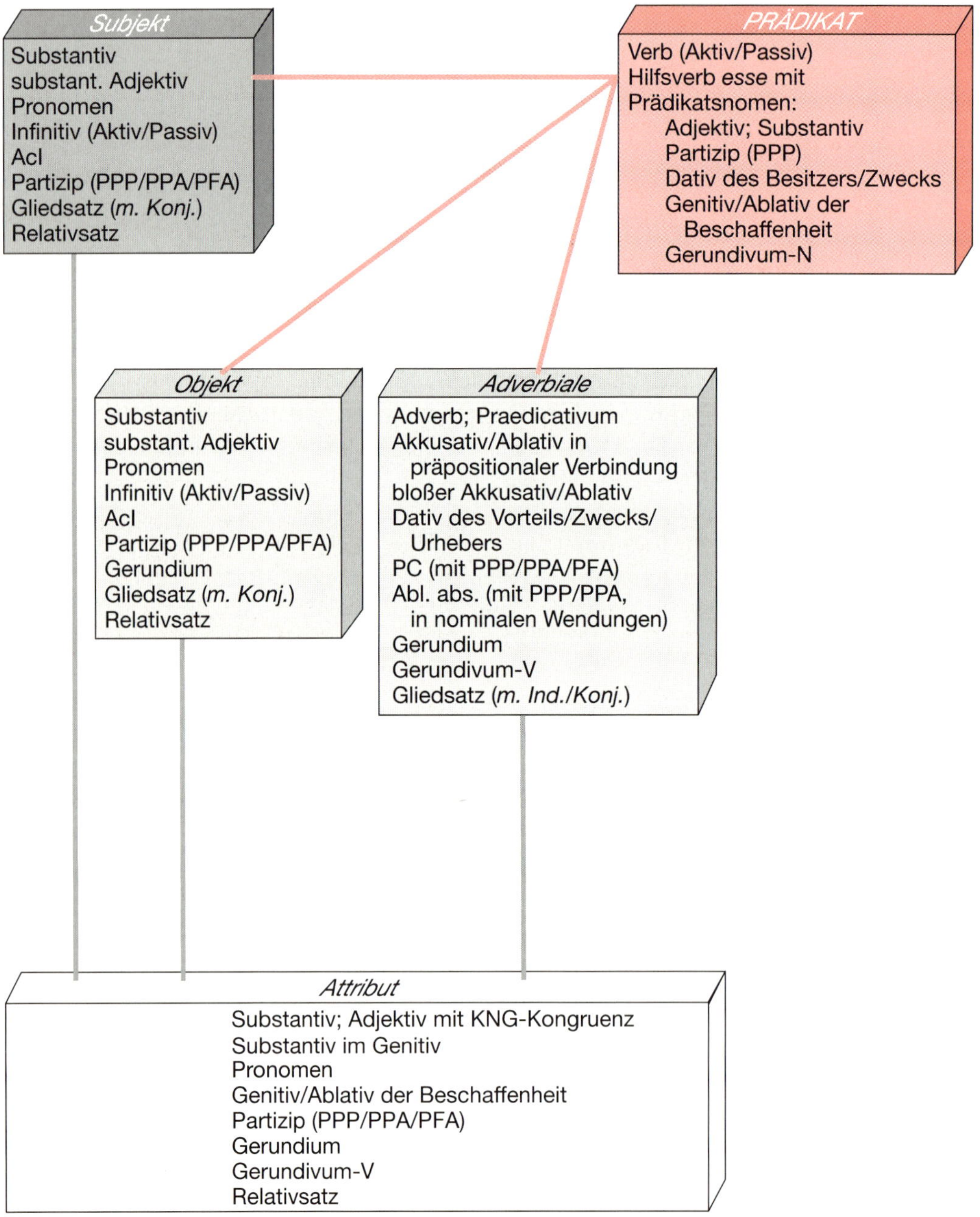

B Satzbauelemente und ihre Funktion im Satz

1 Kasusfunktionen

Der Kasusgebrauch im Lateinischen entspricht nicht immer der Verwendung im Deutschen, sondern unterscheidet sich in einigen Fällen davon. Die wichtigsten Kasusfunktionen im Lateinischen werden im Folgenden aufgeführt.

1.1 Genitiv

1.1.1 Genitiv der Beschaffenheit (Genitivus qualitatis)

*Vir **summae prūdentiae** Trōiānōs dolō superāvit.* – *Ein **sehr kluger** Mann (ein Mann **von höchster Klugheit**) hat die Troianer durch List besiegt.*

Dieser Genitiv kann die **Beschaffenheit einer Person oder Sache** angeben.

1.1.2 ▴Genitiv des Wertes (Genitivus pretii)

① *Servī **parvī** erant.* – *Sklaven waren **wenig wert**.*
② *Hūmānitās **māximī** aestimātur.* – *Bildung wird **sehr hoch (am höchsten)** geschätzt.*

Der Genitiv kann nach **Verben des Geltens** ① (*esse, fierī*) und nach **Verben des Schätzens** ② (*aestimāre, facere, putāre, dūcere)* einen Wert angeben.

1.1.3 ▴Genitiv bei Verben der Gerichtssprache (Genitivus criminis)

① ***Sceleris** accūsātus est.* – *Er ist **wegen eines Verbrechens** angeklagt worden.*
② *Iūdex hominem **capitis** damnāvit.* – *Der Richter hat den Menschen **zum Tode** verurteilt.*

Der Genitiv steht nach **Verben des Anklagens** ① (*accūsāre, in iūs vocāre*) und nach **Verben des Verurteilens** ② (*damnāre*) zur **Angabe der Straftat oder der Strafe.**

1.1.4 Genitiv zur Angabe des „Subjekts" und „Objekts" (Genitivus subiectivus/obiectivus)

① *Omnēs deī imperiō **Iovis** pārent.* – *Alle Götter gehorchen der Herrschaft **des Jupiter**.* („**Wer** herrscht?" – „Jupiter") – **Genitivus subiectivus.**
② *Iūnō īrā **Trōiānōrum** incēnsa est.* – *Iuno ist von Zorn **auf die Troianer** entbrannt.* („**Wem** zürnt Juno?" – „Den Troianern") – **Genitivus obiectivus.**

1.1.5 Genitiv des geteilten Ganzen (Genitivus partitivus)

① ***Māxima pars hominum** ex oppidīs fugere cōnābātur.* – ***Der größte Teil der Menschen** versuchte aus den Städten zu fliehen.*
② ***Miserrimī omnium** erant līberī et mulierēs.* – ***Die Unglücklichsten von allen** waren Kinder und Frauen.*
③ ***Quid auxiliī** exspectāre poterant?* – ***Was an Hilfe/welche Hilfe** konnten sie erwarten?*

Der Genitiv kann einen **Teil einer Menge** („das geteilte Ganze") näher angeben. Er steht **nach Mengenangaben** wie *pars* ①, *satis* und *tantum*, nach **Superlativen** wie *miserrimī* ② und nach dem **Interrogativ-Pronomen** *quis/quid*? ③.

1.2 Dativ

1.2.1 Dativ des Besitzers (Dativus possessoris)

__Amīcō__ vīlla pulchra __est.__ – *__Der Freund hat/besitzt__ ein schönes Landhaus.*

In Verbindung mit ***esse*** gibt der Dativ den **Besitzer einer Sache oder Eigenschaft** an.

1.2.2 Dativ des Vorteils/Zwecks (Dativus commodi/finalis)

Cūr nēmō __legiōnibus__ Vārī __auxiliō__ vēnit? – *Warum ist niemand __den Legionen__ des Varus __zu Hilfe__ gekommen?*

Der erste Dativ bei Verben wie ***venīre*** und ***mittere*** sowie bei ***esse*** drückt einen **Vorteil** aus und antwortet auf die Fragen **„wem?", „für wen?", „zu wessen Vorteil?"**.
Der zweite Dativ drückt hier einen **Zweck** aus und antwortet auf die Frage **„wozu?"**.

1.2.3 Dativ des Urhebers (Dativus auctoris)

__Omnibus__ lēgēs __servandae sunt.__ – *__Von allen__ sind die Gesetze* **zu beachten.**
__Alle__ **müssen** *die Gesetze* **beachten.**

Der Dativ drückt beim **Gerundivum-N** in der Regel die Person aus, die etwas tun muss oder nicht tun darf. Damit ist gleichsam der **„Urheber" der Handlung** bezeichnet.

1.3 Akkusativ

1.3.1 Akkusativ der Richtung

① *Mārcus __Rōmam__ properat.* – *Marcus eilt __nach Rom.__*
② *Cōnsul __in īnsulam Crētam__ nāvigat.* – *Der Konsul segelt __zur Insel Kreta.__*

Der Akkusativ antwortet auf die Frage **„wohin?"** und gibt eine **Richtung** an. Bei Städtenamen steht der bloße Akkusativ ①, ansonsten die Präposition *in* m. Akk. ②.

1.3.2 Akkusativ der zeitlichen Ausdehnung

Mīlitēs __multās hōrās__ pūgnābant. – *Die Soldaten kämpften __viele Stunden lang.__*

Der Akkusativ antwortet auf die Frage **„wie lange?"** und gibt eine **Zeitdauer** an.

1.3.3 Doppelter Akkusativ

① *Cīvēs __sē__ in urbe __tūtōs__ nōn putābant.* – *Die Bürger hielten __sich__ in der Stadt nicht für __sicher.__*
② *Quis __Remum rēgem__ appellāvit?* – *Wer hat __Remus als König__ bezeichnet (König genannt)?*
③ *__Rōmulus rēx__ factus est.* – *__Romulus__ ist __zum König__ gemacht worden.*

Nach Verben wie ***putāre*** („halten für") ①, ***appellāre*** („bezeichnen als") ② und ***facere*** („machen zu") ③ steht der **doppelte Akkusativ**. Der zweite Akkusativ ist jeweils als Praedicativum verwendet. Im **Passiv** steht der **doppelte Nominativ** ③.

1.4 Ablativ

1.4.1 Ablativ des Ortes/der Zeit (Ablativus loci/temporis)

① *__Tōtā urbe__ hominēs clāmōrem audiunt.* – *__In der ganzen Stadt__ hören die Menschen Geschrei.* („Wo?")
② *__Prīmā lūce__ imperātor appāret.* – *__Am frühen Morgen__ erscheint der Kaiser.* („Wann?")

Der Ablativ antwortet auf die Fragen **„wo?"/„wann?"**. Er gibt **Ort** ① und **Zeit** ② an.

1.4.2 Ablativ des Mittels/des Begleitumstandes (Ablativus instrumenti/modi)

① *Mārcus amīcam **dōnō** dēlectat.* – *Marcus erfreut die Freundin **mit einem Geschenk.*** („Womit?")

② *Hominēs nōn **silentiō** spectāculum spectant.* – *Die Menschen betrachten nicht **mit Stillschweigen** das Schauspiel.* („Womit?"/„Wie?")

Der Ablativ antwortet auf die Fragen **„womit?"/„wie?"** und gibt das **Mittel** ① **/den Begleitumstand** ② an.

1.4.3 Ablativ der Trennung (Ablativus separativus)

① *Cīvēs **forō** cēdunt.* – *Die Bürger entfernen sich **vom Forum**.* („Wovon?")

② *Multī hominēs **cibō** carent.* – *Viele Menschen haben **kein Essen/**sind **ohne Essen**.* („Wovon" sind sie „getrennt"?)

Der Ablativ antwortet auf die Frage **„wovon?"** und gibt die **Trennung** an.

1.4.4 Ablativ der Beschaffenheit (Ablativus qualitatis)

*Herculēs **māgnā vī** corporis erat.* – *Herkules war **bärenstark (von großer Kraft** des Körpers).*

Der Ablativ kann die **Beschaffenheit einer Person** oder **Sache** angeben.

1.4.5 Ablativ des Vergleichs (Ablativus comparationis)

*Quis māior imperātor erat **Alexandrō**?* – *Wer war ein größerer Feldherr **als Alexander**?*

Der Ablativ nach einem **Komparativ** gibt die **verglichene Person** oder **Sache** an.

2 Prädikatsnomen – Praedicativum

2.1 Prädikatsnomen

① *Mārcus **laetus** est.* – *Markus ist **fröhlich**.*

② *Galla **serva** est.* – *Galla ist **eine Sklavin**.*

Das Hilfsverb *esse* kann im Satz nicht alleine stehen. Es braucht eine Ergänzung in Form eines Adjektivs oder Substantivs. In diesem Fall wird das ergänzende Adjektiv ① oder Substantiv ② als **Prädikatsnomen** bezeichnet.

2.2 Praedicativum

① *Hominēs **laetī** conveniunt.* – *Die Menschen kommen **fröhlich (als Fröhliche)** zusammen.*

② *Galla **serva** nāta est.* – *Galla ist **als Sklavin** geboren.*

Das Adjektiv ***laetī*** und das Substantiv ***serva*** geben eine Stimmung bzw. eine Lage an, in der sich das Subjekt jeweils befindet. Zugleich wird das Prädikat näher bestimmt. Diese Verwendung von Adjektiv bzw. Substantiv nennt man **Praedicativum.**

3 Infinitiv

3.1 Infinitiv als Subjekt oder Objekt

① *Rōmae **ambulāre** placet.* – *Es macht Spaß, in Rom **spazieren zu gehen**.* (Subjektsinfinitiv)

② *Rōmae **ambulāre** volō.* – *Ich will in Rom **spazieren gehen**.* (Objektsinfinitiv)

Der Subjektsinfinitiv steht nach unpersönlichen Ausdrücken wie *licet* und *placet* ①, der Objektsinfinitiv nach Verben wie *solēre, cōgitāre, studēre, dēbēre, posse* und *velle* ②.

3.2 AcI

3.2.1 AcI als Subjekt oder Objekt

① *Quīntus* **Flāviam vīvere** *audit.*	– *Quintus hört,* **dass Flavia lebt.**
② *Quīntus* **pīrātās nāvem Rōmānam invāsisse** *scit.*	– *Quintus weiß,* **dass Piraten das römische Schiff angegriffen haben.**
③ *Quīntus* **Flāviam in Galliā manēre** *nōn vult.*	– *Quintus will nicht,* **dass Flavia in Gallien bleibt.**
④ **Flāviam servitūtem nōn sustinēre** *appāret.*	– *Es ist offensichtlich,* **dass Flavia das Sklavendasein nicht aushält.**
⑤ *Quīntus spērat* **sē Flāviam servātūrum esse.**	– *Quintus hofft,* **dass er Flavia retten wird.**
⑥ *Putat* **Flāviam tum beātam futūram esse (fore).**	– *Er glaubt,* **dass Flavia dann glücklich sein wird.**

Der AcI ist ein vom Prädikat „abhängiges“ Satzglied, das im Deutschen meistens durch einen **„dass-Satz“** wiedergegeben wird. Dieser „dass-Satz“ kann eine Handlung ausdrücken, die **gleichzeitig** (im Lat. **Infinitiv Präsens**) ①/③/④, **vorzeitig** (im Lat. **Infinitiv Perfekt**) ② oder **nachzeitig** (im Lat. **Infinitiv Futur**) ⑤/⑥ zur Handlung des Prädikats geschieht. Für den Infinitiv *futūrum, -am, -um esse* kann auch *fore* ⑥ stehen.

Der AcI als Objekt steht nach Verben des Wahrnehmens, Glaubens, Wissens, Sagens und nach Verben, die eine Stimmung ausdrücken ①/②/⑤/⑥. Der AcI als Subjekt steht nach unpersönlichen Ausdrücken wie *appāret* ④.
Bei Verben wie *velle*, *nōlle* und *cupere* kann sowohl ein AcI ③ als auch ein Objektsinfinitiv stehen (vgl. 3.1 ②).

3.2.2 Übersetzung des AcI

Quīntus Flāviam in perīculō esse putat.	– ① *Quintus glaubt,* ***dass*** *Flavia in Gefahr ist.*
	– ② *Quintus glaubt, Flavia ist/sei in Gefahr.*

Die **Übersetzung des AcI** erfordert im Deutschen in der Regel **einen Umbau der Struktur**, und zwar in einen **dass-Satz** ①.

Umbau-Regel

Lateinisch			**Akkusativ**	***Infinitiv***
	Quīntus putat		Flāviam	*in perīculō esse.*
Deutsch	Quintus glaubt,	**dass**	Flavia	*in Gefahr ist.*
			Subjekt	***Prädikat***

Manchmal lässt sich der **AcI** auch **mit einem verkürzten Satz** wiedergegeben ②.

3.3 NcI

① **Multī** hodiē quoque Archimēdem **laudāre** et **admīrārī** *videntur.* – **Viele** *scheinen* auch heute noch Archimedes **zu loben** und **zu bewundern.**

② Nam **ille** multa **invēnisse** et **expertus esse** *dīcitur.* – Denn *man sagt,* dass **jener** vieles **erfunden** und **erprobt hat.**/Denn **jener** *soll* vieles **erfunden** und **erprobt haben.**

Beim NcI hängt vom **Prädikat im Passiv** (*videntur* ①, *dīcitur* ②) eine Konstruktion ab, die aus einem **Nominativ** (*multī* ①, *ille* ②) und einem **Infinitiv** (*laudāre et admīrārī* ①/*invēnisse et expertus esse* ②) besteht.
Wie beim AcI drückt der **Infinitiv Präsens** ① die **Gleichzeitigkeit**, der **Infinitiv Perfekt** ② die **Vorzeitigkeit** zur Aussage des Prädikats aus.

③ **Philosophī** multum dē rērum nātūrā **cōgitāvisse** *trāduntur.* – **Die Philosophen haben,** *wie überliefert wird,* viel über das Wesen der Welt **nachgedacht.**

④ **Graecia** dolō ā Persīs **servāta esse** *fertur.* – *Man berichtet,* dass **Griechenland** durch eine List vor den Persern **gerettet worden sei.**/**Griechenland** *soll* durch eine List vor den Persern **gerettet worden sein.**

Der NcI steht häufig bei **Verben des Sagens und Meinens im Passiv** (z. B. *trāditur/trāduntur* ③, *fertur/feruntur* ④) und erscheint vor allem in der **3. P. Sg./Pl.**

Diese Ausdrücke können folgendermaßen wiedergegeben werden:
1. mit **dass-Satz** ② ④: man sagt, überliefert, berichtet, dass ...; es wird gesagt, überliefert, berichtet, dass ...; es scheint, dass ...;
2. durch **Umschreibung mit „sollen“** ② ④: er, sie, es soll (erfunden) ... haben;
3. mit einem **eingeschobenen Satz** ③: wie überliefert wird; wie man sagt/überliefert/berichtet; wie es scheint; wie es heißt.

4 Partizip

4.1 Participium coniunctum

4.1.1 Verwendung

Das Partizip wird **ohne** eine Form von ***esse*** verwendet und steht in **KNG-Kongruenz** zu seinem **Bezugswort**. Als **Adverbiale** gibt das Partizip einen näheren Umstand an, der **verschiedene Sinnrichtungen** haben kann:

Partizip Perfekt Passiv **(PPP)** und Partizip Perfekt Aktiv **(PPA):**
- **Zeit** (temporal),
- **beachteter Grund** (kausal),
- **nicht beachteter Grund** (konzessiv)

Partizip Futur Aktiv **(PFA):**
- **Absicht** (final)

a) **mit PPP**

Urbs ā Rōmulō ***condita*** *citō crēvit.* – ① *Die Stadt* ***wurde*** *von Romulus* ***gegründet;*** ***dann*** *wuchs sie schnell.*
② ***Nachdem*** *die Stadt von Romulus* ***gegründet worden war,*** *wuchs sie schnell.*
③ ***Nach der Gründung*** *durch Romulus wuchs die Stadt schnell.*

Das **Zeitverhältnis** des **PPP** zum Prädikat ist **vorzeitig** (im Lat. **Partizip der Vorzeitigkeit**).

b) **mit PPA**

Athēniēnsēs Persās ***timentēs*** *Salamīna sē recēpērunt.* – ① *Die Athener* ***fürchteten*** *die Perser;* ***deshalb*** *zogen sie sich nach Salamis zurück.*
② ***Weil*** *die Athener die Perser* ***fürchteten,*** *zogen sie sich nach Salamis zurück.*
③ *Die Athener zogen sich* ***aus Furcht*** *vor den Persern nach Salamis zurück.*

Das **Zeitverhältnis** des **PPA** zum Prädikat ist **gleichzeitig** (im Lat. **Partizip der Gleichzeitigkeit**).

c) **mit PFA**

Reus in iūdicium vēnit crīmen ***negātūrus*** *sēque* ***dēfēnsūrus.*** – ① *Der Angeklagte kam in das Gericht,* ***um*** *das Verbrechen* ***abzustreiten*** *und* ***um*** *sich* ***zu verteidigen.***
② *Der Angeklagte kam in das Gericht,* ***weil*** *er das Verbrechen* ***abstreiten*** *und sich* ***verteidigen wollte.***

Das **Zeitverhältnis** des **PFA** zum Prädikat ist **nachzeitig** (im Lat. **Partizip der Nachzeitigkeit**).

4.1.2 Übersetzungsweg beim Participium coniunctum

a) Rōma ā populīs ingentibus **petīta** (tamen) numquam capta est.

Hilfsübersetzung (wörtlich):
Rom – von gewaltigen Völkern **angegriffen** – ist (dennoch) niemals erobert worden.

Übersetzungsmöglichkeiten:
① Rom **wurde** von gewaltigen Völkern **angegriffen; dennoch** ist es niemals erobert worden.
② **Obwohl** Rom von gewaltigen Völkern **angegriffen wurde**, ist es (dennoch) niemals erobert worden.
③ **Trotz des Angriffs** gewaltiger Völker ist Rom niemals erobert worden.

b) Athēniēnsēs lībertātem **amantēs** fortissimē cum Persīs pūgnāvērunt.

Hilfsübersetzung (wörtlich):
Die Athener – die Freiheit **liebend** – kämpften sehr tapfer mit den Persern.

Übersetzungsmöglichkeiten:
① Die Athener **liebten** die Freiheit; **deshalb** kämpften sie sehr tapfer mit den Persern.
② Die Athener kämpften sehr tapfer mit den Persern, **weil sie** die Freiheit **liebten**.
③ Die Athener kämpften **aus Freiheitsliebe** sehr tapfer mit den Persern.

Du kannst beim PPP und PPA aus drei Übersetzungsmöglichkeiten auswählen:
① **Beiordnung**, d. h. das Partizip wird durch einen eigenen Satz wiedergegeben und es wird eine **Satzreihe** gebildet.
② **Unterordnung**, d. h. das Partizip wird als Gliedsatz übersetzt und es wird ein **Satzgefüge** gebildet.
③ **Einordnung**, d. h. das Partizip wird durch eine Präposition mit Substantiv wiedergegeben und es wird eine **präpositionale Verbindung** gebildet.

c) Multī accurrērunt huic iūdiciō pūblicō **interfutūrī**.

Hilfsübersetzung (wörtlich):
Viele – an diesem öffentlichen Prozess **teilnehmen wollend** – sind herbeigeeilt.

Übersetzungsmöglichkeiten:
① Viele sind herbeigeeilt, **um** an diesem öffentlichen Prozess **teilzunehmen**.
② Viele sind herbeigeeilt, **weil** sie an diesem öffentlichen Prozess **teilnehmen wollten**.

Du kannst beim PFA aus zwei Übersetzungsmöglichkeiten auswählen:
① **Erweiterter Infinitiv**, d. h. das Partizip wird durch eine Infinitivkonstruktion („um … zu …“) wiedergegeben.
② **Kausalsatz**, d. h. das Partizip wird durch einen **Kausalsatz** („weil“) mit dem Hilfsverb **„wollen“** als Prädikat wiedergegeben.

Das Partizip drückt entweder eine **vorzeitige Handlung** (a), eine **gleichzeitige Handlung** (b) oder eine **nachzeitige Handlung** (c) zum Prädikat aus. Für die deutsche Übersetzung muss auf das entsprechende Tempus geachtet werden.

4.2 Ablativus absolutus

4.2.1 Verwendung

Der Ablativus absolutus (Abl. abs.) besteht häufig aus einem **Substantiv** und einem **Partizip** im **Ablativ** (a/b). Gelegentlich tritt der Abl. abs. in **nominalen Wendungen** (c) auf.
Der Abl. abs. steht häufig am Satzanfang und gibt als **Adverbiale** einen näheren Umstand an, der **verschiedene Sinnrichtungen** haben kann:

Zeit (temporal), **beachteter Grund** (kausal), **nicht beachteter Grund** (konzessiv).

a) **mit PPP**

Calamitāte nūntiātā *Augustus dolōre affectus est.* – ① ***Die Niederlage wurde gemeldet;*** ***da*** *wurde Augustus von Schmerz erfasst.*
② ***Als die Niederlage gemeldet worden war,*** *wurde Augustus von Schmerz erfasst.*
③ ***Nach der Nachricht von der Niederlage*** *wurde Augustus von Schmerz erfasst.*

Das **Zeitverhältnis** des **PPP** zum Prädikat ist **vorzeitig** (**Partizip der Vorzeitigkeit**).

b) **mit PPA**

Lacedaemoniī oppidum ***multīs fortiter dēfendentibus*** *(tamen) cēpērunt.* –
① ***Viele verteidigten die Stadt tapfer; trotzdem*** *haben die Lakedämonier <sie> eingenommen.*
② *Die Lakedämonier haben die Stadt eingenommen,* ***obwohl viele <sie> tapfer verteidigten.***
③ *Die Lakedämonier haben die Stadt* ***trotz der tapferen Verteidigung durch viele (vieler)*** *eingenommen.*

Das **Zeitverhältnis** des **PPA** zum Prädikat ist **gleichzeitig** (**Partizip der Gleichzeitigkeit**).

c) **in nominalen Wendungen**

① ***Augustō imperātōre*** *urbs Rōma aedificiīs pulchrīs abundābat.* – ***Unter der Herrschaft des Augustus*** *(als Augustus Kaiser war,) war die Stadt Rom reich an schönen Gebäuden.*
② ***Nerōne mortuō*** *cīvēs in timōre esse dēsiērunt.* – ***Nach Neros Tod*** *hörten die Bürger auf, in Furcht zu leben.*

An die Stelle des Partizips kann ein **Adjektiv** oder **Substantiv** treten. Die Wiedergabe erfolgt in der Regel mit einer **präpositionalen Verbindung** (Präposition + Substantiv).

Wichtige **nominale Ablativi absoluti**:

Hannibale vīvō	zu Lebzeiten Hannibals
Nerōne mortuō	nach Neros Tod
Themistocle duce	unter der Führung des Themistokles
Augustō imperātōre	unter der Herrschaft des Augustus
Cicerōne cōnsule	unter dem Konsulat Ciceros
Caesare auctōre	auf Veranlassung Caesars

4.2.2 Übersetzungsweg beim Ablativus absolutus

a) **Exercitibus dēlētīs** Augustus dē imperiō sollicitātus erat.

Hilfsübersetzung (selbstständiger Satz)
Die Heere waren vernichtet worden – Augustus war in Sorge um das Reich.

Übersetzungsmöglichkeiten:
① **Die Heere waren vernichtet worden; deshalb** war Augustus in Sorge um das Reich.
② **Weil die Heere vernichtet worden waren**, war Augustus in Sorge um das Reich.
③ **Wegen der Vernichtung der Heere** war Augustus in Sorge um das Reich.

b) Alcibiadēs **multīs audientibus** dē patriā disseruit.

Hilfsübersetzung (selbstständiger Satz)
Alkibiades sprach – **viele hörten zu** – über seine Vaterstadt.

Übersetzungsmöglichkeiten:
① Alkibiades sprach über seine Vaterstadt; **dabei hörten viele zu.**
② Alkibiades sprach, **während viele zuhörten**, über seine Vaterstadt.
③ Alkibiades sprach **vor vielen Zuhörern** über seine Vaterstadt.

Die Übersetzung des Abl. abs. mit einem **selbstständigen Satz** schafft die **Voraussetzung** dafür, dass du die Übersetzungsmöglichkeit findest, die am besten passt.

Wie beim PC kannst du aus **drei Übersetzungsmöglichkeiten** auswählen:
① **Beiordnung**, d. h. das Partizip wird durch einen eigenen Satz wiedergegeben und es wird eine **Satzreihe** gebildet, wobei meist eine temporale, kausale o. ä. Satzverbindung eingefügt wird.
② **Unterordnung**, d. h. das Partizip wird als Gliedsatz übersetzt und es wird ein **Satzgefüge** gebildet.
③ **Einordnung**, d. h. das Partizip wird durch eine Präposition mit Substantiv wiedergegeben und es wird eine **präpositionale Verbindung** gebildet.

Da der **Abl. abs. mit PPP** (a) eine **vorzeitige Handlung** zum Prädikat ausdrückt, muss die Vorzeitigkeit auch in der deutschen Übersetzung ausgedrückt werden, im Allgemeinen durch das entsprechende Tempus (Perfekt/Plusquamperfekt). Übersetzt man mit Beiordnung, verwendet man ein passendes Zeitadverb (dann, darauf etc.).
Da der **Abl. abs. mit PPA** (b) eine **gleichzeitige Handlung** zum Prädikat ausdrückt, muss für die deutsche Übersetzung das entsprechende Tempus (Präsens/Imperfekt) gewählt werden.

5 Gerundium

Eine **nd-Form des Verbs**, die wie ein **Substantiv** der o-Deklination (nur Neutrum Singular!) verwendet wird, heißt **Gerundium**.
Dieses entspricht dem **substantivierten Infinitiv** im Deutschen („gehen" – „das Gehen").

5.1 Verwendung

ars	die Fähigkeit
cantan**dī**	des Singens/zu singen
viden**dī**	des Sehens/zu sehen
audien**dī**	des Hörens/zu hören
legen**dī**	des Lesens/zu lesen
capien**dī**	des Eroberns/zu erobern
eun**dī**	des Gehens/zu gehen

Auch Deponentien bilden in gleicher Weise ein Gerundium:
hortārī → hortandī;
morī → moriendī.

① Sōcratī occāsiō **fugiendī** erat. – a) Sokrates hatte die Gelegenheit **zur Flucht.**
b) **zu fliehen.**
② Caesar ad **imperandum** nātus erat. – Caesar war **zum Herrschen** geboren.
③ **Docendō** discimus. – a) **Durch Lehren**
b) **Indem wir lehren,** lernen wir.
④ *Fortiter hostēs* **aggrediendō** vīcit. – **Durch den** *tapferen* **Angriff** *auf die Feinde* siegte er.
⑤ In *cito* **agendō** omnem spem pōnō. – **Auf** *schnelles* **Handeln** setze ich alle Hoffnung.

Das Gerundium kann durch ein **Adverb** ④, ⑤ und/oder **Objekt** ④ erweitert sein.

5.2 Übersetzung

Das **Gerundium** lässt sich im Deutschen **wiedergeben**:
- mit einem Infinitiv („zu ..."/„um ... zu") ①b)
- mit einem Gliedsatz („indem ...") ③b)
- mit einem Substantiv ①a), ④ oder substantivierten Infinitiv ②, ③a), ⑤, oft in Verbindung mit einer Präposition

6 Gerundivum

Eine **nd-Form des Verbs**, die wie ein **Adjektiv** der ā-/o-Deklination verwendet wird, heißt **Gerundivum**. Diese Form hat im Satz – wie ein Adjektiv – ein **Bezugswort**, mit dem sie in **Kasus, Numerus** und **Genus** übereinstimmt.

6.1 Gerundivum-V

.1.1 Angabe eines Vorgangs

Das Gerundivum und sein Bezugswort bilden eine Gerundiv-Konstruktion. Diese Konstruktion drückt in der Regel einen **Vorgang** aus (**Gerundivum-V**).

Critognātus:

① *„Undique Gallī* ***ad patriam dēfendendam*** *veniunt.*	– *„Von überallher kommen die Gallier* ***zur Verteidigung der Heimat/ , um die Heimat zu verteidigen.***
② ***Lībertātis servandae causā*** *pūgnant.*	– *Sie kämpfen* ***für die (wegen der) Erhaltung der Freiheit/ , um die Freiheit zu erhalten.***
③ ***Labōribus ferendīs*** *vincēmus.“*	– ***Durch Ertragen von Leiden/Dadurch, dass wir Leiden ertragen,*** *werden wir siegen.“*

1.1.1 Übersetzungsweg

a) Quis est idōneus **ad urbem dēfendendam?**

Übersetzungsmöglichkeiten:
① Wer ist geeignet **zur Verteidigung der Stadt?**
② Wer ist geeignet, **die Stadt zu verteidigen?**

b) Rōmānōrum cupiditās erat **orbis terrārum pācandī.**

Übersetzungsmöglichkeiten:
① Die Römer hatten das Verlangen nach **Unterwerfung der Welt.**
② Die Römer hatten das Verlangen, **die Welt zu unterwerfen.**

c) **Nātūrā contemplandā** philosophus' plūrima cōgnōscit.

Übersetzungsmöglichkeiten:
① **Durch die Betrachtung der Natur (Naturbetrachtung)** erkennt der Philosoph sehr viel.
② **Dadurch, dass er die Natur betrachtet,** erkennt der Philosoph sehr viel.

1.1.2 Umbau-Regel beim Gerundivum-V

	Substantiv	*Gerundivum*	*Vorgangssubstantiv*	Genitiv-Attribut
ad	urbem	*dēfendendam*	*zur Verteidigung*	der Stadt
LATEINISCH			**DEUTSCH**	

Eine gute deutsche Formulierung gelingt durch:
- einen Infinitiv mit Objekt (a②, b②)
- ein Substantiv auf *-ung* mit Attribut (a①, b①) oder als zusammengesetztes Substantiv (c①)
- einen Gliedsatz (c②)

6.1.2 Angabe eines Zweckes

Nach bestimmten Verben wie ***dare, trādere, cūrāre*** dient das **Gerundivum-V** zur Angabe eines **Zweckes.**

① *Philippus rēx* ***Alexandrum*** *philosophō Aristotelī* ***ērudiendum*** *trādidit.*	– *König Philipp hat* ***Alexander*** *dem Philosophen Aristoteles* ***zur Erziehung*** *übergeben.*
② *Caesar* ***pontem*** *in Rhēnō* ***faciendum*** *cūrāvit.*	– *Caesar ließ* ***eine Brücke*** *über den Rhein* ***errichten****/kümmerte sich um die* ***Errichtung*** *....*

6.2 Gerundivum-N

6.2.1 Angabe einer Notwendigkeit

Die als Adjektiv gebrauchte **nd-Form eines Verbs** kann mit einer **Form von *esse*** verbunden sein und das Prädikat eines Satzes bilden. In Verbindung mit *esse* drückt das Gerundivum immer eine **Notwendigkeit** aus (**Gerundivum-N**).
Bei **transitiven** Verben stimmt die **nd-Form** in **Kasus, Numerus** und **Genus** (KNG-Kongruenz) mit dem **Subjekt** überein (persönliche Konstruktion ①, ②, ④). Bei **intransitiven** Verben erscheint die **nd-Form** im **Neutrum Singular** (unpersönliche Konstruktion; mit „man" zu übersetzen ③).

① *Etiam servī* ***dīligendī sunt.***	– *Auch Sklaven* ***sind zu achten/müssen geachtet werden.***
② *Servī* ***contemnendī nōn sunt.***	– *Sklaven* ***sind nicht zu verachten/dürfen nicht verachtet werden.***
③ *Servīs hūmānē* ***ūtendum est.***	– *Mit Sklaven* ***muss man*** *menschlich* ***umgehen.***
④ Dominīs *servī tamquam hominēs* ***habendī sunt.***	– Von den Herren ***müssen*** *die Sklaven wie Menschen* ***behandelt werden.***/Die Herren ***müssen*** *die Sklaven wie Menschen* ***behandeln.***
⑤ Mihī *servī* ***cūrandī sunt.***	– Ich ***muss*** *mich um die Sklaven* ***kümmern.***

Die Person, die etwas tun muss oder nicht tun darf, steht in der Regel im Dativ ④, ⑤ (Dativ des Urhebers → **Dativus auctoris,** S. 40).

6.2.2 Übersetzungsweg beim Gerundivum-N

a) Officia explenda sunt.

Übersetzungsmöglichkeiten:

① Die Pflichten sind zu erfüllen.
② Die Pflichten müssen erfüllt werden.
③ Man muss die Pflichten erfüllen.

b) Ācriter audiendum est.

Übersetzungsmöglichkeiten:

① Es ist aufmerksam zuzuhören.
② Es muss aufmerksam zugehört werden.
③ Man muss aufmerksam zuhören.

c) Hoc neglegendum nōn est.

Übersetzungsmöglichkeiten:

① Dies ist nicht zu vernachlässigen.
② Dies darf nicht vernachlässigt werden.
③ Man darf dies nicht vernachlässigen.

d) Lēgēs hominī/hominibus servandae sunt.

Übersetzungsmöglichkeiten:

① Die Gesetze sind vom Menschen/von den Menschen zu beachten.
② Die Gesetze müssen vom Menschen/von den Menschen beachtet werden.
③ Der Mensch muss/die Menschen müssen die Gesetze beachten.

6.2.3 Umbau-Regel beim Gerundivum-N

Dativus auctoris	Subjekt	**Prädikat**	*Subjekt*	**Prädikat** (im Aktiv)	Objekt
Hominī *Hominibus*	lēgēs	**servandae sunt.**	*Der Mensch* *Die Menschen*	**muss** **müssen**	die Gesetze **beachten.**
LATEINISCH			**DEUTSCH**		

Beachte:

***Mihī** crēdendum est.* < ***Ich** muss glauben. (mihī: Dativus auctoris)*
***Mir** muss man glauben. (mihī: Dativ-Objekt)*

C Satzarten

1 Satzreihe – Satzgefüge

1.1 Satzreihe

Aufidius gaudet;	**nam**	ōrātor dē rē pūblicā disserit.
Aufidius freut sich;	**denn**	der Redner spricht über den Staat.

Zwei Hauptsätze, die durch eine **Konjunktion** miteinander verbunden sind, bilden eine **Satzreihe**. Die einzelnen Sätze sind **beigeordnet**.

1.2 Satzgefüge: Hauptsatz und Gliedsatz

Aufidius gaudet;		
	quod	fīliō ōrātiō cōnsulis placet.
Aufidius freut sich,	**weil**	dem Sohn die Rede des Konsuls gefällt.

Wenn ein Hauptsatz und ein Gliedsatz miteinander verbunden werden, bilden sie ein **Satzgefüge**. Der Gliedsatz ist dem Hauptsatz **untergeordnet**. Der Gliedsatz wird immer durch eine **Subjunktion** eingeleitet.

1.3 Mehrgliedriges Satzgefüge

Cicerō sciēbat,				
	cūr	Catilīna id studēret,		
			nē	coniūrātiō aperīrētur.
Cicero wusste,	**warum**	Catilina danach strebte,	**dass**	die Verschwörung nicht aufgedeckt werde.

Oft kommt es vor, dass von einem Gliedsatz ein weiterer Gliedsatz abhängig ist. Wir sprechen dann von einem **mehrgliedrigen Satzgefüge** oder von einer **Satzperiode** (vgl. dazu die verschiedenen Methoden der Periodenanalyse S. 63 f.)

2 Hauptsätze

Es gibt drei Arten von Hauptsätzen: **Aussagesätze, Fragesätze** und **Befehlssätze**. Ein Aussagesatz kann im Indikativ oder im Konjunktiv stehen. Dabei ist der Indikativ – wie im Deutschen – der gewöhnliche Modus, der die Aussage als wirklich darstellt.

2.1 Konjunktivischer Hauptsatz

Der **Konjunktiv in einem Hauptsatz** schränkt den Wirklichkeitsgehalt einer Aussage ein und stellt sie als **unwirklich** oder lediglich als **möglich** dar. Dabei kann der Konjunktiv verschiedene, teils vom Deutschen abweichende Funktionen erfüllen:

Hortativ	(Aufforderung an die 1. P. Pl.)	***„Proficīscāmur!“***	***„Lasst uns aufbrechen!“***
Jussiv	(Befehl an die 3. P. Sg./Pl.)	*„Omnēs **currant!**“*	*„Alle **sollen laufen!**“*
Potentialis	(Möglichkeit)	*„Nēmō hoc **crēdat.**“*	*„Niemand **dürfte** das **glauben.**“*
Optativ	(Wunsch, meist an die 2. P. Sg./Pl.)	*„**(Utinam)** nōbis auxiliō **veniātis!**“* ***„(Utinam) nē cessāvissētis!“***	*„**Hoffentlich kommt** ihr uns zu Hilfe!“* ***„Ach, wenn ihr doch nicht gezögert hättet!“***
Deliberativ	(Überlegende Frage an die 1. P. Sg./Pl.)	*„Quō **fugiāmus?**“*	*„Wohin **sollen wir fliehen?**“*
Prohibitiv	(Verneinter Imperativ/ Verbot an die 2. P. Sg./ Pl. mit Konj. Perf.)	***„Nē timueritis!“***	***„Fürchtet euch nicht!“***

2.2 Interrogativsatz (Fragesatz)

① ***Nōnne** Flāvia semper Quīntum cōgitat?* – *Denkt **(denn)** Flavia **nicht** immer an Quintus?*
② ***Num** timet pīrātās?* – *Hat sie **etwa** Angst vor Piraten?*
③ *Nāvigant**ne** iam diū in Crētam?* – *Sind sie schon lange auf der Fahrt nach Kreta?*

Im Lateinischen signalisieren bestimmte Signalwörter in **Satzfragen** die erwartete Antwort:

Fragesignal	*erwartete Antwort*
① Nōnne („denn nicht“)	ja/doch (*positive Antwort*)
② Num („etwa“)	nein (*negative Antwort*)
③ -ne (–) (an betontes Wort angehängt) (*neutrale Frage*)	ja oder nein

3 Indikativische Gliedsätze

3.1 Temporalsatz

① ***Dum*** *Quīntus Rōmae est,* *Flāvia in īnsulam Crētam nāvigat.*	– ***Während*** *Quintus in Rom ist,* *segelt Flavia nach Kreta.* (**Gleichzeitigkeit**)
② ***Postquam*** *Flāvia et Galla Rōmam rediērunt,* *cunctī valdē gaudēbant.*	– ***Nachdem*** *Flavia und Galla nach Rom* *zurückgekehrt waren,* *freuten sich alle sehr.* (**Vorzeitigkeit**)

3.2 Kausalsatz

Cunctī clāmant, ***quod*** *pīrātae aggrediuntur.*	– *Alle schreien,* ***weil*** *die Piraten angreifen.*

3.3 Konzessivsatz

Quamquam *virī ācerrimē sē dēfenderant,* *pīrātae superāvērunt.*	– ***Obwohl*** *die Männer sich sehr erbittert* *verteidigt hatten, haben die Piraten gesiegt.*

3.4 Relativsatz und relativischer Satzanschluss

3.4.1 Relativsatz

Flāvia, { ① ***quae*** *opus clārum explānat,* / ② ***cui*** *cunctī favent,* } pulchra est.

– Flavia, { ① ***die*** *das berühmte Werk erklärt,* / ② ***der*** *alle gewogen sind,* } ist schön.

Der Relativsatz wird durch das **Relativ-Pronomen** eingeleitet. Das Relativ-Pronomen hat ein **Bezugswort** im übergeordneten Satz, mit dem es in **Numerus** und **Genus** übereinstimmt. Der **Kasus** des Relativ-Pronomens ergibt sich aus der **Funktion**, die es als Satzglied (① Subjekt, ② Dativobjekt) im Relativsatz einnimmt.

3.4.2 ▴Relativsatz mit Konjunktiv

① *Mīsit lēgātōs, **quī** pācem **peterent**.*	– *Er schickte Gesandte, **die** um Frieden **bitten sollten** (**damit** sie ... **baten**).*
② *Eum virum admīror, **quem** omnēs **dīligant**.*	– *Ich bewundere diesen Mann, **den ja** alle **schätzen** (**da** ihn **ja** ...).*
③ *Sōcratēs nōn is erat, **quī** perīculō mortis **terrērētur**.*	– *Sokrates war keiner, **der sich** durch Todesgefahr **erschrecken ließ** (war nicht **so, dass er sich** ...).*

Relativsätze stehen nicht selten im Konjunktiv. Sie haben dann einen adverbialen Nebensinn. Dieser kann verschiedene Sinnrichtungen ausdrücken:

- **final** (zur Angabe einer Absicht) ①,
- **kausal** (zur Angabe eines Grundes) ②,
- **konsekutiv** (zur Angabe einer möglichen Folge) ③.

Zur Wiedergabe im Deutschen kann man nicht den Konjunktiv verwenden. Man lässt den lateinischen Konjunktiv unübersetzt ③ oder verwendet *sollen* ① oder eine Partikel wie *ja* ②. Fast immer ist es möglich, das Relativpronomen durch eine entsprechende Subjunktion zu ersetzen, z. B. *damit* ① / *da ja* ② / *so, dass* ③.

Folgende Wendungen mit konsekutiver Sinnrichtung kommen häufig vor:

***Sunt, quī** numquam rīdeant.*	– ***Es gibt Leute, die** niemals lachen.*
***Nōn dēfuērunt, quī** vōs monērent.*	– ***Es hat nicht an Leuten gefehlt, die** euch mahnten.*
***Nōn habes, quod** sērō veniās.*	– ***Du hast keinen Grund, dass** du zu spät kommst.*

3.4.3 Relativischer Satzanschluss

① *Ulixēs **sociōs suōs** quaerēbat; **quōs** invenīre nōn poterat.*	– *Odysseus suchte **seine Gefährten**; er konnte **diese** nicht finden.*
② ***Quam ob rem** cūrīs nōn vacābat.*	– ***Deshalb (wegen dieser Sache)** machte er sich Sorgen (war er nicht frei von Sorgen).*

Das **Relativ-Pronomen** stellt als **relativischer Satzanschluss** eine enge Verbindung zum jeweils vorausgehenden Satz her. Im Deutschen wird es mit dem **Demonstrativ-Pronomen** *dieser, diese, dieses* wiedergegeben.
Das Relativ-Pronomen kann sich auf ein einzelnes Wort ① oder auf die ganze Aussage des vorausgehenden Satzes beziehen ②.

4 Konjunktivische Gliedsätze

4.1 Konditionalsatz (sī/nisī)

Irrealis der Gegenwart	① *Nisī mihī amīcī* ***essent,*** *laetus nōn* ***essem.***	*– Wenn ich keine Freunde* ***hätte,*** ***wäre*** *ich nicht froh.*
Irrealis der Vergangenheit	② *Sī mihī auxilium* ***negāvissētis,*** ***servātus*** *nōn* ***essem.***	*– Wenn ihr mir die Hilfe* ***verweigert hättet,*** ***wäre*** *ich nicht* ***gerettet worden.***

4.2 ut-/nē-Satz

Begehrsatz	① *Hamilcar pōstulat,* ***ut*** *fīlius iūret/* ***nē*** *fīlius timeat.*	*– Hamilkar fordert,* ***dass*** *der Sohn schwören soll/* ***dass*** *der Sohn sich* ***nicht*** *fürchten soll.*
Finalsatz	② *Hannibal pāret,* ***ut*** *patrī placeat/* ***nē*** *pater dūrō animō sit.*	*– Hannibal gehorcht,* ***damit*** *er dem Vater gefällt (um … zu gefallen)/* ***damit*** *der Vater* ***nicht*** *hartherzig ist.*
Konsekutivsatz	③ *Hannibal tam fortis est,* ***ut*** *in castrīs esse velit.*	*– Hannibal ist so tapfer,* ***dass*** *er im Militärlager sein will.*

4.3 cum-Satz

Temporalsatz	***Cum*** *Hannibal puer novem annōrum sit, pater pōstulat, ut fīlius iūret.*	– ① ***Als*** *Hannibal ein Junge von neun Jahren ist, fordert sein Vater, dass der Sohn schwören soll.*
Kausalsatz		– ② ***Da*** *Hannibal ein Junge von neun Jahren ist, …*
Konzessivsatz		– ③ ***Obwohl*** *Hannibal ein Junge von neun Jahren ist, …*

4.4 Indirekter Interrogativsatz

Hannibal patrem rogat,	*– Hannibal fragt den Vater,*
① ***quid*** *dē Rōmānīs* ***cōgitet.***	***was*** *er über die Römer* ***denkt.***
② ***num*** *Rōmānī omnēs terrās* ***petant.***	***ob*** *die Römer alle Länder* ***angreifen.***

Indirekte Interrogativsätze werden – ebenso wie die direkten – mit Fragewörtern oder Fragesignalen eingeleitet, bei Wortfragen ① mit einem Interrogativ-Pronomen, z. B. ***quid, cūr,*** bei Satzfragen ② meist mit ***num, -ne.***

D Kleine Wörter

1 Satzverbindungen

1.1 Konjunktionen in der Satzreihe

T51

atque, ac	und, und auch	*anreihend*
et	und; auch	
et ... et	sowohl ... als auch; einerseits ... andererseits	
etiam	auch; sogar	
item	ebenfalls, ebenso	
neque	und ... nicht; auch ... nicht; aber ... nicht	
neque ... neque	weder ... noch	
-que (*angehängt*)	und	
quoque (*nachgestellt*)	auch	
at	aber, (je)doch; dagegen	*entgegensetzend*
autem (*nachgestellt*)	aber, (je)doch	
sed	aber, (je)doch; sondern	
tamen	dennoch, trotzdem	
vērō	aber; wirklich	
aut	oder	*ausschließend*
aut ... aut	entweder ... oder	
vel	oder	
ergō	also	*folgernd*
igitur	also, folglich	
itaque	deshalb, daher	
proinde	also; daher	
quā dē causā	daher, deshalb	
quamobrem (quam ob rem)	daher, deshalb	
enim (*nachgestellt*)	denn, nämlich	*begründend*
nam	denn	

1.2 Subjunktionen im Satzgefüge

T52

mit Indikativ		
cum	(damals) als; als plötzlich; (immer) wenn	
dum (*m. Ind. Präs.*)	während	
dum	solange; (solange) bis	
postquam (*m. Ind. Perf.*)	nachdem	*temporal/Angabe der Zeit*
priusquam	bevor; (*nach verneintem Satz*) bevor nicht	
ubī (*m. Ind. Perf.*)	sobald	
quia	weil	*kausal/Angabe des beachteten Grundes*
quod	weil	
quoniam	da ... ja, wo ... doch	
nisī	wenn nicht; außer	*konditional/Angabe der Bedingung*
sī	wenn; falls	
sīn	wenn aber	
etsī	auch wenn, obwohl	*konzessiv/Angabe des nicht beachteten Grundes*
quamquam	obwohl, obgleich	
quemadmodum	wie, auf welche Weise	
sīcut	(so) wie	*komparativ/ Angabe des Vergleichs*
ut	wie	
mit Konjunktiv		
cum	als, nachdem	*temporal/Angabe der Zeit*
cum	da, weil	*kausal/Angabe des beachteten Grundes*
cum	obwohl	*konzessiv/Angabe des nicht beachteten Grundes*
quamvīs	auch wenn	
ut	dass, damit	*final/Angabe des Wunsches/ Zwecks*
nē	dass/damit nicht	
nē	dass	*(nach Verben des Fürchtens)*
ut (nōn)	(so)dass (nicht)	*konsekutiv/Angabe der Folge*
quasi	als ob	*komparativ/ Angabe des Vergleichs*
tamquam	wie; wie wenn, als ob	
nisī	wenn nicht	*konditional/Angabe der Bedingung* (im Irrealis)
sī	wenn; falls	

1.3 Mehrdeutige Satzeinleitungen T53

CUM	als, nachdem (*m. Konj.*)	*Angabe der Zeit*
	da, weil (*m. Konj.*)	*Angabe des beachteten Grundes*
	obwohl (*m. Konj.*)	*Angabe des nicht beachteten Grundes*
	(damals) als; als plötzlich (*m. Ind.*)	*Angabe der Zeit*
	(immer) wenn (*m. Ind.*)	*Angabe der Zeit*
UT	dass, damit (*m. Konj.*)	*Angabe des Wunsches/der Absicht*
	(so)dass (*m. Konj.*)	*Angabe der Folge*
	wie (*m. Ind.*)	*Angabe des Vergleichs*
NĒ	dass/damit nicht (*m. Konj.*)	*Angabe des Wunsches/der Absicht*
	dass (*m. Konj., nach Ausdrücken des Fürchtens*)	*Angabe des Wunsches*
UBĪ	wo?	*Einleitung eines Fragesatzes*
	sobald (*m. Ind. Perf.*)	*Angabe der Zeit*
QUAM	wie; wie sehr	*Einleitung eines Fragesatzes*
	die/welche	*Einleitung eines Relativsatzes*
	diese	*relativischer Satzanschluss*
QUĪ	wie?	*Einleitung eines Fragesatzes*
	der/welcher; die/welche	*Einleitung eines Relativsatzes*
	dieser; diese	*relativischer Satzanschluss*
QUŌ	wohin?	*Einleitung eines Fragesatzes*
	durch den/durch welchen	*Einleitung eines Relativsatzes*
	durch diesen	*relativischer Satzanschluss*

2 Negationen T54

nōn/haud	nicht	nōn iam	nicht mehr
nēmō	niemand	nōndum	noch nicht
nūllus, -a, -um	kein	numquam	niemals
nihil/▲nīl	nichts	nē ... quidem	nicht ... einmal
neque	und/auch/ aber ... nicht	neque ... neque	weder ... noch

3 Präpositionen

T55

Präposition	örtlich	zeitlich	übertragen
1. Präpositionen mit Genitiv			
causā *(nachgestellt)*	–	–	wegen, um ... zu
2. Präpositionen mit Akkusativ			
ad	zu; zu ... hin; an; bei	–	zu
adversus	gegenüber	–	gegen; gegenüber
ante	vor	vor	–
apud	bei; in der Nähe von	–	–
circum	um ... herum; ringsum	–	–
contrā	–	–	gegen
ergā	–	–	gegen; gegenüber; für
extrā	außerhalb	–	über ... hinaus
inter	zwischen; unter	während	–
intrā	innerhalb	–	–
iūxtā	neben	–	–
ob	–	–	wegen
per	durch (... hindurch); über ... hin	hindurch (lang)	durch; mithilfe
post	nach; hinter	nach	–
praeter	–	–	außer
propter	–	–	wegen
trāns	über (... hinüber); jenseits	–	–
3. Präpositionen mit Ablativ			
ā/ab	von (... her), von ... weg	von; seit	–
cum	mit	–	(zusammen) mit
dē	von; von ... herab	–	von; über; in Bezug auf
ē/ex	(her)aus	von (... an)	entsprechend
prō	vor	–	für; anstelle (von)
sine	–	–	ohne
4. Präpositionen mit Akkusativ oder Ablativ			
in (*m. Akk.*)	in, an, auf; nach (*Frage: wohin?*)	–	gegen(über)
in (*m. Abl.*)	in, an, auf (*Frage: wo?*)	in; während	–
▲sub (*m. Akk.*)	unter (*Frage: wohin?*)	–	–
sub (*m. Abl.*)	unter (*Frage: wo?*)	–	–
super (*m. Akk.*)	über; oben auf (*Frage: wohin?*)	–	–
super (*m. Abl.*)	über; oben auf (*Frage: wo?*)	–	–

TEXTLEHRE

A Arbeiten am Satz

1 Das Übersetzen von „einfachen Sätzen"

Wir stellen dir die zwei wichtigsten Übersetzungsmethoden vor, die du von Anfang an beim **einfachen Satz** in einer Satzreihe anwenden kannst. In einer Satzreihe stehen zwei oder mehrere Sätze nebeneinander, die meist durch eine Konjunktion, wie z. B. *nam, sed*, verbunden sind.

▶ Beachte: Bei der Satzanalyse kannst du dich immer an den beiden Säulen jedes Satzes, **Subjekt und Prädikat**, orientieren. Achte besonders auf das **Prädikat (Satzkern)**.

1.1 Übersetzen mit Schwung: Die Pendelmethode

Beispiel:

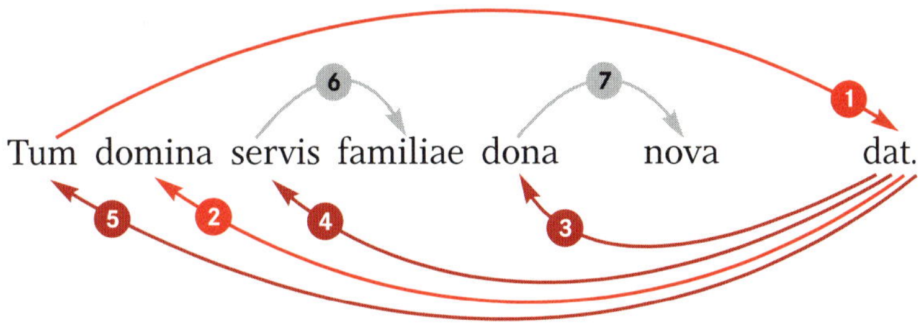

Gehe bei der Analyse der Sätze in folgenden Schritten vor:

1. Pendle **vom ersten Wort** des Satzes aus sofort mit Schwung **zum Prädikat** hin:
   *Tum . . . **dat.***   *Dann **gibt** . . .*
2. Pendle dann **auf den Anfang des Satzes** zurück; dort findest du meist das **Subjekt**:
   *. . . **domina** . . .*   *Dann gibt **die Herrin** . . .*

Pendle dann vom Prädikat aus auf **weitere Glieder des Satzes** zurück:

▶ Beachte: Das Prädikat verlangt oder ermöglicht bestimmte **Ergänzungen.** Lass dich also von entsprechenden Fragen leiten und achte bei Substantiven jeweils auf den Signalteil (Endung): Er gibt dir Auskunft über den Kasus.

3 **Akkusativobjekt:**	Was gibt die Herrin?	*dona:*	*Geschenke*
4 **Dativobjekt:**	Wem gibt die Herrin?	*servis:*	*den Sklaven*
5 **Adverbiale:**	Wo? (Wann?/Wie?)	*tum:*	*dann*

Stelle zum Schluss durch entsprechende Fragen fest, wovon die restlichen Teile des Satzes abhängig sind:

6 **Genitiv:** Wessen?   *servis **familiae:***   *den Sklaven **der Familie***

7 **Adjektiv**, das mit einem Substantiv in KNG übereinstimmt: Was für ein(e)?
*dona **nova***   *neue **Geschenke***

Du hast es geschafft! Übersetze jetzt den ganzen Satz:

Dann gibt die Herrin den Sklaven der Familie neue Geschenke.

1.2 Stein für Stein: Die Konstruktionsmethode

Beispiel:

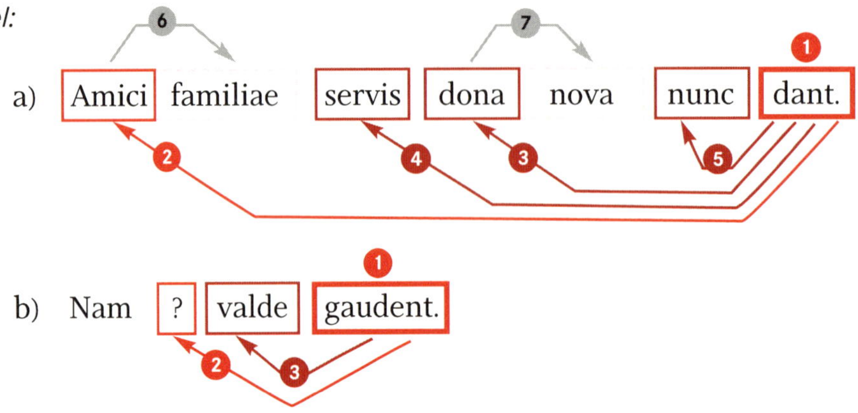

Mit der Konstruktionsmethode erschließt du die Bausteine des Satzes „Stein“ für „Stein“ vom **Prädikat**, dem **Satzkern**, her. Gehe bei der Analyse in folgenden Schritten vor:

Beispiel a)

(1) Finde zuerst das Prädikat, das in der Regel am Satzende steht. Im Deutschen rückt das Prädikat an die zweite Stelle des Satzes:

*... **dant.*** *Sie **geben** ...*

(2) Suche dann die zweite tragende Säule des Satzes, das Subjekt, das meist am Satzanfang steht. Am Person-Zeichen des Prädikats *-nt* erkennst du, dass das Subjekt im Plural stehen muss:

***amici** ...:* Die Freunde ...

▶ Was fehlt? Überlege, welche **Ergänzungen** das Prädikat aufgrund seiner Bedeutung erwarten lässt oder ermöglicht.

(3) Was geben sie?	(Frage: Wen oder was?)	***dona:***	***Geschenke***
(4) Wem geben sie?	(Frage: Wem?)	***servis:***	***den Sklaven***
(5) Wann geben sie?	(Frage: Wann/Wo/Wie?)	***nunc:***	***jetzt***

▶ Was bleibt übrig? Stelle fest, zu welchen Satzgliedern die restlichen Wörter gehören.

(6) ein Genitiv:	(Frage: Wessen?)	amici ***familiae:***	*die Freunde **der Familie***
(7) ein Adjektiv:	(Frage: Was für [ein]?)	dona ***nova:***	***neue** Geschenke*

Jetzt kannst du den ganzen Satz übersetzen:

Die Freunde der Familie geben nun den Sklaven neue Geschenke.

Beispiel b)

(1) Gehe, soweit nötig und möglich, in denselben Schritten vor wie bei Beispiel a).

(2) Da du kein Subjekt findest, entnimm dieses aus der Endung des Prädikats:

gaudent ***sie** freuen sich*

(3) Analysiere die restlichen Satzglieder und ordne sie im Deutschen richtig an.

Übersetze den ganzen Satz:

Denn sie freuen sich sehr.

2 Das Übersetzen von Perioden

Die Sätze werden immer länger? Halb so schlimm! Hier zeigen wir dir zwei Methoden, die sich bei der Analyse von **Satzperioden** besonders gut bewährt haben. Eine Satzperiode ist ein **komplexes Satzgefüge**, das aus einem Hauptsatz und mehreren Gliedsätzen besteht.

2.1 „Verrückte" Sätze: Die Einrückmethode

Als **Grundregel** gilt:

- ▶ Alle zum Hauptsatz (HS) gehörenden Teile stehen ganz links. Die Gliedsätze (GS) werden **je nach dem Grad der Abhängigkeit vom Hauptsatz** (HS) verschieden weit von links nach rechts **eingerückt**.
- ▶ Zusammengehöriges und Strukturgleiches werden untereinander in die gleiche Spalte gesetzt.
- ▶ Es genügt meist, nur die wichtigsten Wörter eines Satzes (HS oder GS) im Analyseschema anzugeben: z.B. erstes Wort, Konjunktion, Subjekt, Prädikat.

Periodenbeispiel:

Dionysius, postquam regnum, cum Syracusanorum dominus esse cuperet, vi accepit, se talem tyrannum[1] praebuit, ut cives semper timerent, ne ab eo in custodiam conderentur.

Analyseschritte:

1. Beginne mit dem ersten Teilsatz (bis zum ersten Komma: in unserem Beispiel nur ein Wort).
   - ▶ Gehört er zum HS? Dann stelle das Wort oder die Wortgruppe ganz nach links.
   - ▶ Enthält er die Subjunktion eines GS? Dann rücke ihn ein Stück nach rechts ein.
2. Rücke alle nachfolgenden Gliedsätze um ein oder mehrere Stücke ein, je nach dem Grad der Abhängigkeit.
3. Stelle alle weiteren Teile, die zum HS gehören, nach links.
4. Übersetze zunächst den HS und gib dann die Gliedsätze je nach Zugehörigkeit an der entsprechenden Stelle wieder.

Graphische Analyse:

Dionysius,
    postquam regnum,
        cum ... dominus esse cuperet,
    vi accepit,
se talem tyrannum praebuit,
    ut cives semper timerent,
        ne in custodiam conderentur.

Wörtliche Übersetzung:

Dionysius hat,
    nachdem er die Herrschaft,
        da er Herr der Syrakusaner sein wollte,
    gewaltsam an sich gerissen hatte,
sich derart als Tyrann gezeigt,
    dass die Bürger immer Angst hatten,
        dass sie ins Gefängnis gebracht würden.

2.2 Gut sortiert ist halb übersetzt: Die Kästchenmethode

Als **Grundregel** gilt:

- Der Hauptsatz und die Gliedsätze werden der Reihe nach in Kästchen eingeordnet.
- Die Kästchen in der obersten Zeile enthalten den **Hauptsatz**.
- **Gliedsätze** stehen auf den Ebenen darunter je nach Abhängigkeitsgrad höher oder tiefer.

▶ Beachte: In die Kästchen werden nur die für das Erschließen der Periode wichtigsten Wörter eingetragen: Subjekt, Prädikat, Subjunktionen. **Satzwertige Konstruktionen** werden, wo der enge Raum es erzwingt, an der entsprechenden Stelle durch Symbole angedeutet, z. B.:

▲ = PC ▼ = Abl. abs. ▬ = AcI

Periodenbeispiel:

Summa potentia parta Dionysius, cum se talem tyrannum[1] praeberet, ut omnes eum timerent, odio et invidia civium sollicitatus arcem suam ita munivit, ut nemo, qui se eum pellere posse putabat, invadere posset.

Analyseschritte:

1. Beginne mit dem ersten Teilsatz (bis zum ersten Komma): Stelle fest, ob es sich um den Hauptsatz (HS) oder einen Gliedsatz (GS) handelt. Schreibe die Wörter in ein Kästchen: die des **Hauptsatzes auf die Linie**, die eines **Gliedsatzes unter die Linie** (hier HS: *Dionysius*).
2. Stelle fest, ob der folgende Teilsatz GS oder HS ist, und schreibe die Wörter in ein weiteres Kästchen: bei einem **HS auf**, bei einem **GS unter die Linie** (hier GS: *cum ... praeberet*).
3. Verfahre ebenso mit den folgenden Teilsätzen. Beachte dabei:
   ▶ Enthält der Teilsatz eine **Subjunktion**, ist er **untergeordnet** (GS 1, GS 2, GS 3 ...) und wird in ein Kästchen auf der nächsttieferen Ebene geschrieben (hier: *cum ...; ut ...*).
   ▶ Enthält er **keine Subjunktion**, ist er sehr wahrscheinlich übergeordnet und schließt einen noch offenen HS oder GS. Gib einen solchen Restsatz auf der entsprechenden Ebene verkürzt an (bes. das Prädikat) (hier: *arcem ... ita munivit*).
4. Verbinde, was zusammengehört: HS oder GS, die durch Gliedsätze unterbrochen sind, werden durch gestrichelte Linien gekennzeichnet.
5. Finde die satzwertigen Konstruktionen (PC, Abl. abs., AcI) und füge an den jeweiligen Stellen das entsprechende Symbol ein (hier: ▼ *summa ... parta,* ▲ *odio ... sollicitatus,* ▬ *se ... posse).*

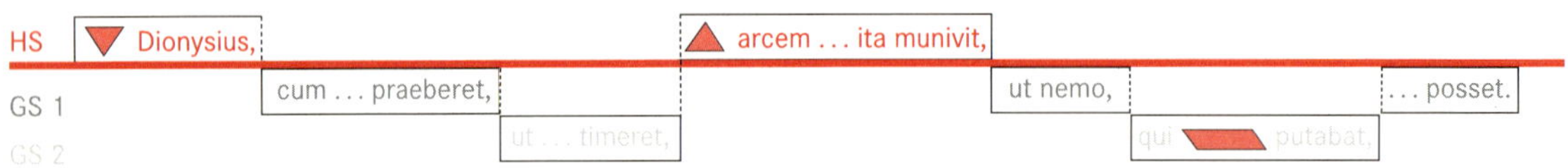

Wörtliche Übersetzung:

Nach dem Erwerb der höchsten Macht **hat Dionysius,** da er sich so als Tyrann zeigte, dass alle ihn fürchteten, vom Hass und Neid der Bürger beunruhigt, **seine Burg so befestigt,** dass niemand, der glaubte, er könne ihn vertreiben, eindringen konnte.

Aufgabe: Stelle den durch die Einrückmethode analysierten Satz (S. 63) mit der Kästchenmethode dar.

B Arbeiten am Text

Stell dir einen **Text** als ein **„Gewebe“** von Wörtern vor, die nach den Regeln der Grammatik in eine bestimmte Form und Reihenfolge gebracht worden sind. In einem Text stehen Sätze nicht einfach nebeneinander, sondern sind so „verwoben“, dass sich ein **sinnvoller Zusammenhang (Kohärenz)** ergibt.

Welche sprachlichen Elemente bewirken diesen Zusammenhang? Und ganz wichtig: In welcher Weise hilft dir dieses Wissen beim Übersetzen?

Im folgenden Text sind die wichtigsten dir schon bekannten textaufbauenden Elemente markiert. Danach werden sie dir im Einzelnen erklärt. Die Untersuchung des „Gewebemusters“ hilft dir beim anschließenden Übersetzen.

1 Textbeispiel

Plinius der Ältere beim Vesuvausbruch

Iam per multos dies terra tremuerat[1]. Itaque Stabiis[2] quoque, ubi Plinius apud amicos morabatur, homines valde perturbati erant et metus ruinae eos incesserat. Plinius autem aequo animo erat, quod pericula non timebat. Septima hora diei erat. Motusque[3] terrae paulatim augebatur. Subito e Vesuvio monte ignes et flammae eruperunt et magna vis terrae et cineris de-cidit omniaque texit. Homines timere coeperunt, ne domus corruerent[4]. Statim amici e villa properant, etiam Plinius fugae se dat. Qui omnes navibus evadere cupiunt. Cinis autem semper cadendo solem obscurat[5] eosque loca cognoscere prohibet. Fugientes nox atra opprimit. Tum amici in villam redeunt. Sed Plinius cessat et redire recusat. Nonnulli homines in litore manent. Ibi aut pumicibus[6] occisi aut sulfure suffocati sunt[7]. Postea in eorum numero etiam Plinius exanimis[8] inventus est.

1) **tremere** (*Perf.* **tremuī**): beben 2) **Stabiae, -ārum** f Pl.: *Stadt im Golf von Neapel, unweit von Pompeji gelegen*
3) **mōtus, -ūs** m: Bewegung, Beben 4) **corruere** (*Perf.* **corruī**): einstürzen 5) **obscūrāre**: verdunkeln
6) **pūmex, -icis** m/f: Bimsstein 7) **sulfure suffōcārī**: vom Schwefel erstickt werden 8) **exanimis, -e**: leblos, tot

2 Textaufbauende Elemente

1. Konnektoren („Satzverbinder")

Stelle fest: Mit welchen Wörtern sind die Sätze zu einer **zeitlich und logisch stimmigen Abfolge** verbunden?

▶ Solche **verbindenden Wörter** (**Konnektoren**) können **Konjunktionen** und **Adverbien** sein.

Beispiele: itaque (Z. 1), autem (Z. 3), -que (Z. 4), subito (Z. 4), statim (Z. 7), ...

Du erkennst: Der Text berichtet von einem Geschehen, das rasch und dramatisch abläuft.

2. Personen-Verteilung

Stelle fest: Welche **Personen** begegnen im Text und wie stehen sie zueinander?

Beispiele: Plinius (Z. 1), amicos (Z. 2), homines (Z. 2) ...

Du erkennst: Die Personen, die vom Geschehen betroffen sind, sind die Menschen in Stabiae (also die Gesamtheit aller Stadtbewohner) und Plinius mit seinen Freunden (also eine kleine Gruppe daraus, die im Zentrum des Textes steht).

3. Verweiswörter

Stelle fest: Welche Wörter stellen verbindende **Verweise** auf bereits Genanntes dar?

Beispiele: eos (Z. 3) [> homines], qui (Z. 8) und eos (Z. 9) [> amici, Plinius], eorum (Z. 12) [> homines]

Du erkennst: Durch die **Pronomina**, die sich auf vorher genannte Personen beziehen, ist der Zusammenhang des Textes satzübergreifend hergestellt.

4. Tempus-Verwendung

Stelle fest: Mit welchen **Tempora** ist das Geschehen dargestellt? Welche Wirkung auf den Leser wird durch die Verwendung der Tempora beabsichtigt?

▶ Man unterscheidet den **Hintergrund eines Geschehens** (Imperfekt oder Plusquamperfekt) und den **Vordergrund eines Geschehens** (Perfekt oder dramatisches Präsens).

Beispiele: tremuerat (Z. 1), morabatur (Z. 2), eruperunt (Z. 5), properant (Z. 7), ...

Du erkennst: Zuerst ist der Hintergrund des Geschehens im Plusquamperfekt (der drohende Vulkanausbruch) und Imperfekt (Plinius' Aufenthalt) dargestellt, dann der Vordergrund des Geschehens im Perfekt (die Vorgänge während des Ausbruchs); die Beschreibung des Geschehens im Präsens lässt die Dramatik unmittelbar miterleben (Flucht).

5. Sach- und Bedeutungsfelder

Stelle fest: Welche Wörter oder Begriffe begegnen öfter – als **Leitwörter** – im Text, sodass sich dadurch ein einheitlicher Bedeutungsbereich erkennen lässt?

Beispiele: terra (tremuerat) (Z. 1), ruinae (Z. 2 f.), ...; properant (Z. 7), fugae (Z. 7), ...

Du erkennst: Leitwörter des Textes sind *terra / cinis* und *fuga / fugere*. Folgende Bedeutungsbereiche stehen also im Zentrum des Textes:

a) Erdbeben, Ascheregen und andere zerstörerische Folgen des Vesuvausbruchs
b) Flucht als Reaktion der Menschen auf die Katastrophe.

3 Übersetzung

Die Analyse der textaufbauenden Elemente hat dir den Weg zur Übersetzung bereitet:

Schon viele Tage lang hatte die Erde gebebt. Deshalb waren auch in Stabiae, wo Plinius sich bei Freunden aufhielt, die Menschen sehr beunruhigt und die Furcht vor einer Katastrophe hatte sie befallen. Plinius jedoch blieb gelassen, weil er Gefahren nicht fürchtete. Es war die siebte Stunde des Tages. Das Beben der Erde nahm allmählich zu. Plötzlich brachen aus dem Vesuv Feuer und Flammen hervor und eine große Masse Erde und Staub fiel nieder und bedeckte alles. Die Menschen begannen zu fürchten, die Häuser könnten einstürzen. Sofort eilen die Freunde aus dem Haus, auch Plinius begibt sich auf die Flucht. Sie wollen alle auf Schiffen entkommen. Die Asche jedoch verdunkelt, indem sie ständig fällt, die Sonne und hindert sie daran, das Gelände zu erkennen. Die Fliehenden überfällt schwarze Nacht. Da kehren die Freunde ins Haus zurück. Doch Plinius zögert und weigert sich zurückzugehen. Einige Leute bleiben an der Küste. Dort sind sie entweder von Bimssteinen erschlagen oder von Schwefel erstickt worden. Unter ihnen hat man später auch Plinius tot aufgefunden.

C Stilmittel

Lateinische Texte werden durch klangliche, syntaktische oder inhaltliche Mittel kunstvoll gestaltet. Hier findest du die wichtigsten Stilmittel in alphabetischer Reihenfolge.

1. **Alliteration**: Wiederholung des gleichen Anlauts in aufeinanderfolgenden oder nahe liegenden Wörtern, um die Aussage auch klanglich zu unterstützen. Im Deutschen ist dieses Stilmittel nur selten nachzugestalten.

***Qu**aeritisne, **qu**is sit,* ***qu**id scelus in animō volvat?*	– ***W**ollt ihr **w**issen, **w**er es ist,* ***w**elches Verbrechen er im Schilde führt?*

2. **Anapher** („Wiederholung“): Wiederaufnahme des gleichen Wortes am Anfang von Sätzen oder Satzblöcken, um eine gliedernde und zugleich einhämmernde Wirkung zu erzielen.

***Nunc** est bibendum,* ***nunc** carmina canenda sunt!*	– ***Nun** muss getrunken werden,* ***nun** müssen die Lieder gesungen werden!*

3. **Antithese** („Gegensatz“): Meist unverbundene (→ Asyndeton) Gegenüberstellung von Begriffen, Gedanken oder Feststellungen, um die Darstellung zu straffen und der Aussage schärfere Konturen zu geben.

***Tū** semper interrogās;* ***ego** et audiō et videō et sentiō.*	– ***Du** fragst immer;* ***ich** höre und sehe und spüre.*

4. **Asyndeton** („Unverbundene Reihe“): Unverbundene Reihung von Wörtern, Satzteilen oder Sätzen, um eine Raffung der Aussagen, eine von Leidenschaft sprühende Ausdrucksweise zu erreichen.

Num crēdis mē īgnōrāre, *quid proximā nocte **ēgeris**,* *ubī **fueris**,* *quōs virōs **convocāveris**,* *quae cōnsilia **inita sint**?*	– *Glaubst du etwa, dass ich nicht weiß,* *was **du** in der letzten Nacht **getrieben hast**,* *wo **du gewesen bist**,* *welche Männer **du zusammengeholt hast**,* *welche Pläne **geschmiedet worden sind**?*

5. **Chiasmus** („Kreuzstellung“): Kreuzweise, spiegelbildliche Stellung einander entsprechender Begriffe oder Satzteile (benannt nach dem griechischen Buchstaben X = Chi), um eine auf den Gegensatz (→ Antithese) angelegte Aussageeinheit schärfer zu markieren.

Multōrum oculī *tē ubīque custōdient.* *Tē undique* **omnēs** *circumvēnērunt.*	– **Vieler Augen** *werden* ***dich*** *überall bewachen.* – ***Dich*** *haben von allen Seiten* **alle** *umstellt.*

6. **Hyperbaton** („Sperrstellung“): Sperrung zweier zusammengehöriger Wörter oder Begriffe durch ein Wort oder mehrere Wörter, die dazwischen gestellt sind, um dadurch dem Satz oder einem Satzblock eine innere Spannung zu geben.

***Brevis** ā nātūrā nōbis **vīta** data est.*	– ***Ein kurzes Leben** ist uns von der Natur* *gegeben worden.*

7. **Klimax** („Treppenanstieg“): Steigerung einer Aussage in mehrgliedrigen, meist unverbundenen (→ Asyndeton) Begriffen oder Satzteilen, um durch das zunehmende Gewicht des Gesagten die emotionale Beteiligung der Hörer zu erhöhen. In der Regel nimmt dabei auch der Umfang der Wörter oder Wendungen zu.

Abī, discēde, relinque urbem, *Catilīna!*	– ***Geh fort, verschwinde, verlasse die Stadt,*** *Catilina!*

8. ▲**Metapher** („Übertragung“): Bildlicher Ausdruck, indem ein Wort, das eine Ähnlichkeit zum eigentlichen Begriff aufweist, diesen ersetzt, um die Aussage zu veranschaulichen. Hierbei wird in der Regel ein bestimmter Aspekt des eigentlichen Begriffes herausgegriffen und durch die Übertragung besonders betont, während die anderen Aspekte in den Hintergrund rücken.

Frūctibus *iuventūtis fruuntur.*	– *Sie genießen* ***die Früchte*** *der Jugend.*

9. **Parallelismus** („Parallelführung“): Gleiche Anordnung von einander entsprechenden Wörtern und Satzteilen, um durch den Gleichklang der Glieder die Aussage einprägsamer und nachdrücklicher zu machen.

Nōnne **sentīs**, Catilīna, *cōnsilia tua* ***patēre***?	– **Merkst du** nicht, Catilina, dass *deine Pläne* ***bekannt sind***?
Num **crēdis** *mē* ***īgnōrāre*** ...?	– **Glaubst du** etwa, dass *ich* ***nicht weiß*** ...?

10. **Polysyndeton** („Verbundene Reihe“): Verbindung mehrerer Begriffe oder Wendungen durch Wiederholung desselben Bindewortes, um damit die Aussage durch die Fülle von Gesichtspunkten zu verstärken.

Ego ***et*** *audiō* ***et*** *videō* ***et*** *sentiō, quid ā tē ... cōgitētur.*	– *Ich höre* ***und*** *sehe* ***und*** *spüre, was von dir ... gedacht wird.*

11. **Rhetorische Frage**: Feststellung einer Tatsache oder Meinung in Form einer Frage, auf die man keine Antwort erwartet; dadurch wird die Aufmerksamkeit der Hörer, v. a. wenn mehrere solcher Fragen aufeinander folgen, von neuem geweckt und gesteigert.

In quā urbe *vīvimus, patrēs cōnscrīptī?*	– ***In welcher Stadt*** *leben wir, Senatoren?*
Nōnne *nōs omnēs amāmus parentēs?*	– *Lieben wir* ***nicht*** *alle unsere Eltern?*

12. ▲**Trikolon** („Dreigliedriger Ausdruck“): Ein aus drei Gliedern (Kola) bestehendes Satzgefüge, das eine Aussage betont und der Rede Dynamik und Spannung verleiht. Häufig tritt es in Kombination mit anderen Stilmitteln (→ Alliteration, Anapher, Klimax) auf.

Vēnī, vīdī, vīcī!	– ***Ich kam, sah,*** *(und)* ***siegte!***

Sachverzeichnis

S. = Seite; GrG = Grammatische Grundbegriffe, S. 6; T = Tabelle; St = Stilmittel; TE = Textaufbauende Elemente